Michael Mohr

Ratgeber
Arbeitszeugnis

Rechtsgrundlagen, Inhalte,
Verschlüsselungstechniken, Formulierungshilfen

Bibliografische Information der Deutschen Nationalbibliothek

Die Deutsche Nationalbibliothek verzeichnet diese Publikation in der Deutschen Nationalbibliographie. Detaillierte bibliografische Daten sind im Internet über

http://dnb.d-nb.de abrufbar.

Urheberrecht

Dieses Buch ist urheberrechtlich geschützt. Jede Verwendung außerhalb der engen Grenzen des Urheberrechtsgesetzes ist nicht erlaubt und strafbar. Dies gilt besonders für die Vervielfältigung, Verarbeitung, Verfilmung, Einspeicherung und Verarbeitung in elektronische Systeme sowie die Auswertung durch Datenbanken oder ähnliche Einrichtungen.

Jede Nutzung in anderen als den gesetzlich zugelassenen Fällen bedarf der vorherigen schriftlichen Einwilligung des Autors.

Hinweis zu §52a des Urheberrechtsgesetzes (UrhG): Weder das Werk noch Teile davon dürfen ohne eine solche Einwilligung eingescannt und in ein Netzwerk eingestellt werden. Dies gilt auch für Intranets von Schulen und sonstigen Bildungseinrichtungen.

Impressum

© 2017
Herstellung und Verlag: BoD – Books on Demand, Norderstedt.

ISBN: 9783743139725

1. Auflage, 2017

Inhalt

I Vorwort 7

1. Rechtsanspruch auf ein Arbeitszeugnis 11

1.1 Einfaches Arbeitszeugnis 13
1.2 Qualifiziertes Arbeitszeugnis................................15
1.3 Abschlusszeugnis...19
1.4 Zwischenzeugnis 21
1.5 Formale Aspekte...24

2. Grundsätze der Zeugnisformulierung 27

2.1 Grundsatz der Wahrheit.....................................28
2.2 Grundsatz des Wohlwollens.................................29
2.3 Grundsatz der Vollständigkeit 30
2.4 Grundsatz der Gleichbehandlung 31
2.5 Grundsatz der Bindung 32

3. Inhalte des Arbeitszeugnisses 37

3.1 Überschrift 38
3.2 Einleitung 39
3.3 Unternehmensbeschreibung 41
3.4 Aufgaben- und Tätigkeitsbeschreibung 42
3.5 Leistungsbeurteilung.......................................43
   3.5.1 Arbeitsbereitschaft 45
   3.5.2 Arbeitsbefähigung 46
   3.5.3 Arbeitsweise.......................................48
   3.5.4 Arbeitserfolg 50
   3.5.5 Führungsleistung...................................52
3.6 Zusammenfassende Leistungsbeurteilung 55
3.7 Sozialverhalten 57

3.7.1 Verhalten gegenüber Internen............................57
3.7.2 Verhalten gegenüber Externen 58
3.8 Schlussabsatz...60
3.9 Ausstellungsort, Datum und Unterschrift......................65
3.10 Unzulässige Inhalte..66

4. Der sogenannte „Geheimcode"..................... 69

5. Das Arbeitszeugnis in der Praxis.................... 77

5.1 Erstellung des Arbeitszeugnisses..............................78
5.2 Analyse des Arbeitszeugnisses 79
5.3 Änderung des Arbeitszeugnisses..............................81

Abbildungsverzeichnis...84

I   Vorwort

Abbildung 1: Bedeutung des Arbeitszeugnisses

Ein Arbeitszeugnis ist für die berufliche Weiterentwicklung von Arbeitnehmern von großer Bedeutung. Schließlich stellt es für Personalchefs neben dem Lebenslauf die wichtigste Grundlage zur Auswahl neuer Mitarbeiter dar. Der Bewerber gibt mit dem Arbeitszeugnis eine Art Visitenkarte über seine Erfolge und Qualifikationen ab. Oftmals ist das Arbeitszeugnis sogar der einzige Nachweis für die erbrachten Leistungen in zurückliegenden Arbeitsverhältnissen. Nicht nur für Arbeitnehmer, sondern auch für Arbeitgeber, hat das Arbeitszeugnis deshalb maßgeblichen Einfluss auf den Erfolg einer Bewerbung. Es kommt daher nicht von ungefähr, dass in Deutschland pro Jahr ca. 4 Millionen Arbeitszeugnisse ausgestellt werden.

Eine recht komplexe Rechtslage macht die korrekte Erstellung und Interpretation eines Arbeitszeugnisses jedoch zu einer Herausforderung. Denn Arbeitszeugnisse müssen einerseits wahr sein, gleichzeitig aber auch wohlwollend formuliert werden, um das berufliche Fortkommen eines Arbeitnehmers nicht zu erschweren und ihm eine Chance auf dem Arbeitsmarkt zu geben. Dieser Zielkonflikt zwischen der Wahrheitspflicht und der Wohlwollenspflicht hat im Laufe der Jahre zu einer Art Zeugnistechnik in Form einer Verschlüsselungssprache geführt. Bestimmte Aussagen werden hierbei nicht im Klartext, sondern per „Geheimcode" verdeckt gemacht.

Viele Arbeitgeber und Arbeitnehmer besitzen nicht die notwendige Expertise, um ein Arbeitszeugnis in der spezifischen Zeugnissprache korrekt zu formulieren. Dies führt regelmäßig zu Problemen und hat zur Folge, dass Zeugnisse einerseits besser oder schlechter ausgestellt werden, als eigentlich beabsichtigt, andererseits gänzlich falsch ausgestellt werden. Auch beim Beurteilten bestehen ohne Kenntnisse der Zeugnissprache erhebliche Probleme beim Verständnis und der Interpretation des Arbeitszeugnisses. Durch ein schlampig oder falsch formuliertes Zeugnis wird die berufliche Weiterentwicklung des Arbeitnehmers negativ beeinflusst.

Beim Lesen und Bewerten von Arbeitszeugnissen ist also Vorsicht geboten. Nicht alles, was gut klingt, muss auch positiv gemeint sein. Mit diesem Ratgeber erhalten Sie eine praktische Hilfestellung, ein Arbeitszeugnis professionell und korrekt zu erstellen oder ein erhaltenes Dokument qualifiziert zu interpretieren. Sie erhalten Antwort auf alle wichtigen Fragen und erfahren auch, wie Sie bei Problemen mit dem Arbeitszeugnis richtig vorgehen.

1. Rechtsanspruch auf ein Arbeitszeugnis

Abbildung 2: Rechtsanspruch auf ein Arbeitszeugnis

Gemäß §109 der Gewerbeordnung (GewO) hat ein Arbeitnehmer bei Beendigung seines Arbeitsverhältnisses Anspruch auf ein Arbeitszeugnis.

Dieser Anspruch besteht für folgende Arbeitsverhältnisse:

- Voll- und Teilzeitbeschäftigung
- befristete Beschäftigung
- Probearbeitsverhältnisse
- Nebentätigkeiten
- geringfügige Beschäftigung

Für Auszubildende besteht nach 16 BBiG bei Beendigung oder Abbruch der Ausbildung ein Anspruch auf ein Arbeitszeugnis. Der Anspruch besteht auch dann, wenn der Auszubildende nach Ablauf der Ausbildungszeit in ein Arbeitsverhältnis übernommen und im Betrieb weiterbeschäftigt wird.

Gemäß § 26 BBiG in Verbindung mit §16 BBiG haben auch Praktikanten, Volontäre und Werkstudenten Anspruch auf ein Arbeitszeugnis.

Das Arbeitszeugnis ist vom Arbeitgeber auszustellen. In kleineren Unternehmen wäre dies meist der Inhaber, in größeren Betrieben der Vorstand oder Geschäftsführer. In der Praxis wird die Tätigkeit jedoch delegiert, z.B. an einen direkten Vorgesetzten. Oftmals ist dies sinnvoll, da der Vorgesetzte am besten weiß, welche Aufgaben der Arbeitnehmer ausführte und wie er seine Arbeit erfüllte. Gerade in größeren Unternehmen erfolgt die Ausstellung des Zeugnisses oft durch die Personalabteilung in Rücksprache mit dem Vorgesetzten.

Gemäß § 269 BGB ist der Anspruch auf ein Arbeitszeugnis eine Holschuld. Diese obliegt dem Zeugnisempfänger, wenn er in den Besitz des Zeugnisses gelangen möchte. Das bedeutet, dass der Arbeitgeber das fertige Zeugnis im Betrieb zur Abholung bereit legen muss. Allerdings ist es vielfach üblich, dass der Arbeitgeber einem ausgeschiedenen Arbeitnehmer das Arbeitszeugnis nach Hause schickt, obwohl er hierzu rechtlich nicht verpflichtet ist.

In Art und Umfang kann das sogenannte „einfache Arbeitszeugnis" vom „qualifizierten Arbeitszeugnis" unterschieden werden. Für den Arbeitnehmer besteht ein Wahlrecht, welche Art von Arbeitszeugnis ausgestellt werden soll. In diesem Abschnitt erklären wir beide Varianten.

1.1 Einfaches Arbeitszeugnis

Das einfache Arbeitszeugnis stellt eine Art Arbeitsbescheinigung dar, mit der die Art und die Dauer der Tätigkeit dokumentiert werden. Es wird bestätigt, dass der Arbeitnehmer (Name, Vorname, akademischer Grad) für einen bestimmten Zeitraum (Dauer des Arbeitsverhältnisses), in einem bestimmten Bereich bei dem Arbeitgeber beschäftigt war. Die Aufgaben des Arbeitnehmers werden vollständig beschrieben, sodass ein künftiger Arbeitgeber ein Bild davon bekommt, welche Erfahrungen der Arbeitnehmer vorweisen kann. Das einfache Arbeitszeugnis hat meist einen Umfang von ca. einer DINA4-Seite.

Das einfache Arbeitszeugnis ist wie folgt aufgebaut:
- Überschrift („ Arbeitszeugnis", „Zwischenzeugnis")
- Einleitung
- Aufgaben- und Tätigkeitsbeschreibung
- Schlussabsatz
- Ausstellungsort, Datum und Unterschrift

Im Prinzip soll ein einfaches Arbeitszeugnis dem Arbeitnehmer lediglich zum Nachweis einer lückenlosen Beschäftigung dienen. Es enthält keinerlei bewertende Aussagen zur Leistung des Arbeitnehmers. Ebenfalls wird auf die Angabe des Grundes für das Ausscheiden des Arbeitnehmers verzichtet.

Die folgende Abbildung zeigt das Muster eines einfachen Arbeitszeugnisses für einen strategischen Einkäufer.

Arbeitszeugnis

Herr Paul Muster, geboren am 30.07.1979 in Stuttgart, war in unserem Unternehmen im Rahmen eines unbefristeten Arbeitsverhältnisses vom 01.01.2014 bis 31.12.2020 tätig. Während dieser Zeit arbeitete er als strategischer Einkäufer in der Abteilung Beschaffung. In dieser Position war er dem Leiter Beschaffung unterstellt. Er selbst führte ein Team von 3 operativen Einkäufern. Herr Muster verantwortete ein jährliches Einkaufsvolumen i.H.v. 250 Mio. €. Seine Arbeitszeit umfasste 40 Std. wöchentlich.

Als strategischer Einkäufer führte Herr Muster hauptsächlich folgende Tätigkeiten aus:

- Strategische Leitung, Führung und Verantwortung eines Einkaufsteams inklusive fachlicher und disziplinarischer Führung der operativen Einkäufer
- Ausarbeitung und Umsetzung von Einkaufsstrategien und Einkaufsprozessen sowie Ermittlung und Realisierung von Einsparpotenzialen
- Erstellung von Einkaufsbudgets, Forecasts und Jahresplanungen sowie Festlegung von Einkaufszielen in enger Abstimmung mit dem Leiter Beschaffung
- Durchführung von Lieferantenrecherchen und Angebotsvergleichen in Bezug auf Preis, Qualität, Service und Lieferzeiten
- Durchführung von Einkaufsverhandlungen sowie Ausgestaltung und Abschluss von Einkaufsverträgen und Rahmenverträgen
- Kontinuierliche Suche nach Einsparpotenzialen durch Optimierung der Sourcing-Prozesse und Sourcing-Kosten sowie Durchführung von Benchmarkings
- Sicherstellung eines effizienten Einkaufs- und Bestandsmanagements durch Bestimmung von Parametern wie Bestellmengen und Bestellzeitpunkten
- Permanente Überwachung der Lagerbestände an Roh-, Hilfs- und Betriebsstoffen sowie von Fertigprodukten
- Beschaffung von Roh-, Hilfs- und Betriebsstoffen durch Angebotsvergleich, Bestellauslösung, Terminverfolgung und Wareneingangsbuchung
- Kontinuierliche Pflege und Weiterentwicklung der Beziehungen zu Lieferanten sowie Durchführung von Lieferantenbewertungen
- Permanente Messung der Einkaufsperformance anhand von Kennzahlen (KPI) im Rahmen des Einkaufscontrolling und Reporting an Vorgesetzte
- Durchführung von Sonder- und Projektaufgaben außerhalb des Tagesgeschäfts sowie Mitarbeit in Einkaufsprojekten

Wir danken Herrn Muster für sein Engagement und wünschen ihm für die Zukunft alles Gute.

Schöneck, den 31.12.2020

Michael Mohr

Michael Mohr
Inhaber

Isabelle Mohr

Isabelle Mohr
Leiterin Personal

Clear GmbH
Gewerbestr. 45
61137 Schöneck
Tel. +49 6187-4709318
Fax +49 6187-4709319

info@cleargmbh.de
www.cleargmbh.de
DKB Deutsche Kreditbank Berlin
IBAN DE95120330000010113064
BIC BYLADEM1001

Finanzamt Hanau
Steuernummer 02284730629
Ust-ID DE279833219

Abbildung 3: Einfaches Arbeitszeugnis

Das einfache Arbeitszeugnis spielt heutzutage kaum noch eine Rolle. Viele Unternehmen sind dazu übergegangen, pauschal nur noch qualifizierte Arbeitszeugnisse auszustellen. Erhält ein Arbeitnehmer heutzutage ein einfaches Arbeitszeugnis, weist dies oft auf Probleme wie z.B. ein konfliktbelastetes Arbeitsverhältnis hin. Unproblematisch kann es allerdings für ganz einfache Tätigkeiten von Schülern oder Studenten sein, die sich lediglich ihre Kurzzeit- oder Ferienjobs bestätigen lassen möchten. Rein rechtlich bestünde allerdings auch hier der Anspruch auf ein qualifiziertes Arbeitszeugnis.

1.2 Qualifiziertes Arbeitszeugnis

Das qualifizierte Arbeitszeugnis –häufig auch als ausführliches Zeugnis bezeichnet – hat sich gegenüber dem einfachen Zeugnis in der Praxis durchgesetzt. In Abgrenzung zum wertfreien einfachen Arbeitszeugnis enthält es zusätzlich umfangreiche bewertende Passagen. Diesbezüglich werden alle Leistungen des Arbeitnehmers mittels eines umfangreichen Kriterienkatalogs benotet. Die Bewertung erfolgt anhand der klassischen Schulnotenskala.

So soll ein potenzieller Arbeitgeber durch ein qualifiziertes Arbeitszeugnis nicht nur über vergangene Tätigkeiten und Aufgaben eines Bewerbers Bescheid wissen, sondern auch bezüglich dessen Arbeitsqualität und sozialer Integrationsfähigkeit aufgeklärt werden.

Das qualifizierte Arbeitszeugnis hat je nach Berufserfahrung und hierarchischer Einordnung eines Arbeitnehmers einen Umfang von 1-3 DIN A4-Seiten.

Das qualifizierte Arbeitszeugnis ist wie folgt aufgebaut:
- Überschrift („Arbeitszeugnis", „Zwischenzeugnis")
- Einleitung
- Unternehmensbeschreibung

- Aufgaben- und Tätigkeitsbeschreibung
- Leistungsbeurteilung
- Zusammenfassende Leistungsbeurteilung
- Sozialverhalten
- Schlussabsatz
- Ausstellungsort, Datum und Unterschrift

Die folgende Abbildung zeigt das Muster eines qualifizierten Arbeitszeugnisses für einen strategischen Einkäufer in der Gesamtnote „sehr gut".

Legende:

1 Überschrift
2 Einleitung
3 Unternehmensbeschreibung
4 Aufgaben- und Tätigkeitsbeschreibung
5 Arbeitsbereitschaft
6 Arbeitsbefähigung
7 Arbeitsweise
8 Arbeitserfolg
9 Führungsleistung
10 Zusammenfassende Leistungsbeurteilung
11 Sozialverhalten intern und extern
12 Dank, Bedauern und Zukunftswünsche
13 Ausstellungsort, Datum und Unterschrift

Arbeitszeugnis

 Herr Paul Muster, geboren am 30.07.1979 in Stuttgart, war in unserem Unternehmen im Rahmen eines unbefristeten Arbeitsverhältnisses vom 01.01.2014 bis 31.12.2020 tätig. Während dieser Zeit arbeitete er als strategischer Einkäufer in der Abteilung Beschaffung. In dieser Position war er dem Leiter Beschaffung unterstellt. Er selbst führte ein Team von 3 operativen Einkäufern. Herr Muster verantwortete ein jährliches Einkaufsvolumen i.H.v. 250 Mio. €. Seine Arbeitszeit umfasste 40 Std. wöchentlich.

Wir sind ein großes Unternehmen in der Hausgerätebranche mit ca. 9.000 Mitarbeitern. Im Jahr 2019 erzielten wir einen Umsatz i.H.v. 18.4 Mrd. €. Unsere Hauptumsatzträger sind Großgeräte und Kleingeräte im Bereich weiße Ware. Insbesondere im Segment Waschmaschinen sind wir Marktführer. Der Garant für unseren Unternehmenserfolg ist die herausragende Qualität unserer Produkte, was zu hoher Kundenzufriedenheit und Kundenbindung führt.

 Als strategischer Einkäufer führte Herr Muster hauptsächlich folgende Tätigkeiten aus:

- Strategische Leitung, Führung und Verantwortung eines Einkaufsteams inklusive fachlicher und disziplinarischer Führung der operativen Einkäufer
- Ausarbeitung und Umsetzung von Einkaufsstrategien und Einkaufsprozessen sowie Ermittlung und Realisierung von Einsparpotenzialen
- Erstellung von Einkaufsbudgets, Forecasts und Jahresplanungen sowie Festlegung von Einkaufszielen in enger Abstimmung mit dem Leiter Beschaffung
- Durchführung von Lieferantenrecherchen und Angebotsvergleichen in Bezug auf Preis, Qualität, Service und Lieferzeiten
- Durchführung von Einkaufsverhandlungen sowie Ausgestaltung und Abschluss von Einkaufsverträgen und Rahmenverträgen
- Kontinuierliche Suche nach Einsparpotenzialen durch Optimierung der Sourcing-Prozesse und Sourcing-Kosten sowie Durchführung von Benchmarkings
- Sicherstellung eines effizienten Einkaufs- und Bestandsmanagements durch Bestimmung von Parametern wie Bestellmengen und Bestellzeitpunkten
- Permanente Überwachung der Lagerbestände an Roh-, Hilfs- und Betriebsstoffen sowie von Fertigprodukten
- Beschaffung von Roh-, Hilfs- und Betriebsstoffen durch Angebotsvergleich, Bestellauslösung, Terminverfolgung und Wareneingangsbuchung
- Kontinuierliche Pflege und Weiterentwicklung der Beziehungen zu Lieferanten sowie Durchführung von Lieferantenbewertungen
- Permanente Messung der Einkaufsperformance anhand von Kennzahlen (KPI) im Rahmen des Einkaufscontrolling und Reporting an Vorgesetzte
- Durchführung von Sonder- und Projektaufgaben außerhalb des Tagesgeschäfts sowie Mitarbeit in Einkaufsprojekten

5 ▶ Herr Muster war ein äußerst engagierter Mitarbeiter und zeichnete sich durch eine sehr gute Leistungsbereitschaft aus. Er war jederzeit bereit, auch Aufgaben außerhalb seines eigentlichen Aufgabengebietes zu übernehmen und Mehrarbeit zu leisten.

Clear GmbH
Gewerbestr. 45
61137 Schöneck
Tel. +49 6187-4709318
Fax +49 6187-4709319

info@cleargmbh.de
www.cleargmbh.de
DKB Deutsche Kreditbank Berlin
IBAN DE95120330000101011364
BIC BYLADEM1001

Finanzamt Hanau
Steuernummer 02284730629
Ust-ID DE279833219

CLEAR

6 Herr Muster war ein sehr gut qualifizierter Mitarbeiter mit einer außergewöhnlich hohen Auffassungsgabe. Seine Fach- und Führungskompetenz war in jeder Hinsicht hervorragend. Auch unter stärkster Arbeitsbelastung bewältigte er seinen Arbeitsbereich unter richtiger Prioritätensetzung stets ausgezeichnet.

Herr Muster verfügt durch seine langjährigen und vielseitigen Erfahrungen über ein umfangreiches und sehr fundiertes Fachwissen, welches er stets gewinnbringend im Sinne unseres Unternehmens einsetzte. Seine weitreichenden und fundierten Kenntnisse erweiterte er kontinuierlich sehr erfolgreich durch gezielte Weiterbildungen.

Herr Muster hatte stets einen Blick für das Wesentliche und Wichtige und arbeitete methodisch, planvoll und effizient. Alle Aufgaben führte er stets sehr selbständig und verantwortungsbewusst aus. **7**

8 Die Arbeitsergebnisse von Herrn Muster waren auch bei sehr schwierigen Arbeiten und unter Termindruck stets von ausgezeichneter Qualität. Vereinbarte Ziele hat er auch unter erschwerten Umständen stets übertroffen und auf diese Weise sehr stark zum Erfolg der Abteilung beigetragen. Er identifizierte Einsparpotenziale stets schnell und sehr sicher. Im Rahmen von Preis- und Vertragsverhandlungen konnte er insbesondere durch sein außergewöhnlich großes Verhandlungsgeschick und sein ausgeprägtes Gespür für das Machbare weit überdurchschnittliche Einsparungen für uns erreichen. Gleichzeitig konnte er die Lieferantenbasis entscheidend erweitern sowie strategische Partnerschaften und Kooperationen stärken.

Herr Muster hat im Laufe der Jahre in vielen Projekten mitgearbeitet. Seinem offenen und kooperativen Verhalten und seinen konstruktiven Vorschlägen verdanken wir viele zeit- und budgetgerechte Projekterfolge.

9 Durch seine geradlinige, verbindliche und fördernde Art pflegte Herr Muster ein stets sehr gutes Verhältnis zu seinen Mitarbeitern. Dies führte zu einem jederzeit sehr leistungsförderlichen Betriebs- und Arbeitsklima. Seine ihm zugeordneten Mitarbeiter entwickelten sich unter seiner Führung zu einem homogenen, dynamischen und fokussierten Team.

10 Alle ihm übertragenen Aufgaben führte Herr Muster stets zu unserer vollsten Zufriedenheit aus. Er war für uns ein äußert wertvoller Mitarbeiter.

11 Sein Verhalten gegenüber Vorgesetzten, Mitarbeitern und Kollegen war stets vorbildlich. Durch sein ausgeglichenes, aber bestimmtes Wesen war Herr Muster bei seinen Vorgesetzten und Kollegen sehr geschätzt und anerkannt. Auch sein Verhalten gegenüber Kunden, Lieferanten und anderen Geschäftspartnern war stets sehr gut.

12 Herr Muster verlässt uns auf eigenen Wunsch zum 31.12.2020, um sich beruflich zu verändern. Wir bedauern sehr, ihn zu verlieren, haben aber auch Verständnis dafür, dass er die ihm gebotene Chance nutzt. Auf seinem weiteren Berufs- und Lebensweg wünschen wir ihm alles Gute und weiterhin viel Erfolg.

Schöneck, den 31.12.2020

13 *Michael Mohr*　　　　　　　　　　　　*Isabelle Mohr*

Michael Mohr　　　　　　　　　　　　　　Isabelle Mohr
Inhaber　　　　　　　　　　　　　　　　　　Leiterin Personal

Clear GmbH　　　　　info@cleargmbh.de　　　　Finanzamt Hanau
Gewerbestr. 45　　　　www.cleargmbh.de　　　　Steuernummer 02284730629
61137 Schöneck　　　　DKB Deutsche Kreditbank Berlin　　Ust-ID DE279833219
Tel. +49 6187-4709318　IBAN DE95120330000101011113064
Fax +49 6187-4709319　BIC BYLADEM1001

Abbildung 4: Qualifiziertes Arbeitszeugnis

1.3 Abschlusszeugnis

Ein Arbeitnehmer hat bei Beendigung seines Arbeitsverhältnisses Anspruch auf ein Abschlusszeugnis, das mindestens als einfaches Arbeitszeugnis ausgestellt werden muss. Auf Wunsch des Arbeitnehmers ist das Zeugnis als qualifiziertes Arbeitszeugnis anzufertigen. Der Arbeitnehmer hat also ein Wahlrecht, ob er ein einfaches oder qualifiziertes Arbeitszeugnis ausgestellt haben möchte.

In der Praxis werden überwiegend qualifizierte Arbeitszeugnisse ausgestellt. Gerade bei höherqualifizierten Arbeitnehmern werden einfache Arbeitszeugnisse oft als Warnsignal verstanden.

Lt. Rechtsprechung ist für das Ausstellen eines einfachen Abschlusszeugnisses eine Frist von wenigen Tagen, für ein qualifiziertes Abschlusszeugnis eine Frist von wenigen Wochen durch den Arbeitgeber angemessen.

Das Abschlusszeugnis wird in der Vergangenheitsform (Präteritum) formuliert. Ausnahme: Die Würdigung bestimmter Kompetenzen eines Arbeitnehmers wie z.B. Fachwissen, Berufserfahrung, Sprachkenntnisse oder Kontaktnetzwerk erfolgt in der Gegenwartsform (Präsens), da sich solche Eigenschaften nicht nur auf das zurückliegende Arbeitsverhältnis beziehen, sondern der Arbeitnehmer vielmehr auch in Zukunft noch über diese Kompetenzen verfügt.

In der Praxis kommt es immer wieder vor, dass ein Arbeitgeber trotz des Anspruches auf ein Abschlusszeugnis dem Arbeitnehmer das Zeugnis verwehrt. Ist dies der Fall, empfiehlt es sich für den Arbeitnehmer, zunächst eine schriftliche Erinnerung in Form eines freundlichen Briefes zu formulieren. Ebenfalls sollte eine Frist für die Erstellung des Arbeitszeugnisses genannt werden. Lässt der Arbeitgeber die Frist verstreichen, kann der Arbeitnehmer rechtliche Schritte vor dem Arbeitsgericht einleiten und das Arbeitszeugnis einklagen.

Die Erinnerung an das Ausstellen eines Arbeitszeugnisses könnte wie folgt aussehen:

Paul Muster
Eulenring 20
61130 Nidderau

Clearpath Technology GmbH
Gewerbestraße 45
61137 Schöneck

Nidderau, den 15.01.2021

Erinnerung an das Arbeitszeugnis

Sehr geehrter Herr Mohr, Sehr geehrte Frau Mohr,

Ich habe am 31.12.2020 Ihr Unternehmen verlassen und bis zum heutigen Zeitpunkt kein Arbeitszeugnis von Ihnen erhalten.

Ich bitte Sie daher, mir spätestens bis zum 31.01.2021 ein qualifiziertes Arbeitszeugnis auszustellen.

Sofern das Zeugnis zum genannten Termin nicht vorliegt, werde ich den Rechtsweg bestreiten.

Mit freundlichen Grüßen

P. Muster
Paul Muster

Abbildung 5: Erinnerung an das Abschlusszeugnis

1.4 Zwischenzeugnis

Anders als der Anspruch auf ein Abschlusszeugnis ist der Anspruch auf ein Zwischenzeugnis nicht gesetzlich geregelt. Auch eine gesetzliche Vorschrift, aus der ein Anspruch abgeleitet werden könnte, existiert nicht. Allerdings ist vielfach in Tarifverträgen das Recht auf ein Zwischenzeugnis enthalten. Auch ergibt sich aus der Fürsorgepflicht des Arbeitgebers gegenüber dem Arbeitnehmer ein Anspruch auf ein Zwischenzeugnis, sofern der Arbeitnehmer einen „triftigen Grund" für das Zeugnis hat.

Es wird typischerweise davon ausgegangen, dass Angestellte in folgenden Fällen Anspruch auf ein Zwischenzeugnis haben:
- Bei einem Wechsel oder Ausscheiden des Vorgesetzten des Arbeitnehmers
- Im Rahmen der internen Versetzung des Arbeitnehmers
- Bei Auf- und Abstiegen in der Unternehmenshierarchie
- Sofern sich im Aufgabengebiet des Arbeitnehmers wesentliche Änderungen ergeben
- Bei einem langjährigen Arbeitsverhältnis, ohne dass ein internes Beurteilungssystem besteht
- Bei längerer Unterbrechung der Beschäftigung, z.B. bei Elternzeit, Wehr- oder Zivildienst, Fort- und Weiterbildungsmaßnahmen, Studium
- Im Rahmen eines Betriebsüberganges nach §613 a BGB
- Im Falle der Auslandsentsendung des Arbeitnehmers
- Bei bereits feststehendem Ende des Arbeitsverhältnisses
- Bei einem möglichen Ende des Arbeitsverhältnisses

Sehr häufig verlangen Arbeitnehmer ein Zwischenzeugnis, wenn sie beabsichtigen, den Arbeitgeber zu wechseln. Sie benötigen das Zwischenzeugnis dann als Unterlage für ihre Bewerbung. Aus der Praxis kann gesagt werden, dass die meisten Arbeitgeber diesem Wunsch nachkommen, auch wenn das Arbeitsverhältnis noch nicht mehrjährig andauert und es auch ein internes Beurteilungssystem gibt.

Bei Verlangen eines Zwischenzeugnisses ohne Vorliegen eines „triftigen Grundes" wird ein Arbeitgeber seinem Arbeitnehmer immer Wechselabsicht unterstellen. Dies kann mitunter das Vertrauensverhältnis stören. Als „Ausrede" könnte der Arbeitnehmer anführen, sich lediglich intern weiterentwickeln und bewerben zu wollen.

Für die Erstellung des Zwischenzeugnisses gelten keine konkreten Vorgaben. Prinzipiell kann der Arbeitgeber daher frei über die Inhalte entscheiden. Gängige Praxis ist allerdings, die gesetzlichen Vorgaben für das Abschlusszeugnis auch bei der Erstellung des Zwischenzeugnisses anzuwenden. Das Zwischenzeugnis entspricht daher meist inhaltlich dem Abschlusszeugnis mit dem Unterschied, dass das Beschäftigungsverhältnis weiter fortbesteht. Es wird daher in der Gegenwartsform (Präsens) formuliert und enthält zusätzlich einen Passus, dem der Anlass für die Zeugniserteilung entnommen werden kann.

Für die häufigsten Anlässe zur Erstellung eines Zwischenzeugnisses könnte dieser Passus wie folgt lauten:

Anlass für Zwischenzeugnis	Formulierung
Wechsel des Vorgesetzten	Wir stellen dieses Zwischenzeugnis aus, da Herr Muster zum 01.01.2021 einen neuen Vorgesetzten bekommt.
Ausscheiden des Vorgesetzten	Herr Muster erhält dieses Zwischenzeugnis aufgrund des Ausscheidens seines langjährigen Vorgesetzten aus dem Unternehmen.
Interne Versetzung	Das Zwischenzeugnis wird Herrn Muster anlässlich seiner internen Versetzung und der Übernahme neuer Aufgaben ausgestellt.
Auf- und Abstiege in der Unternehmenshierarchie	Dieses Zwischenzeugnisses wird Herrn Muster anlässlich seiner Beförderung zum Teamleiter ausgestellt.
Wesentliche Änderung des Aufgabengebietes	Herr Muster erhält dieses Zwischenzeugnis, da sich sein Aufgabengebiet zum 01.01.2021 erheblich ändern wird.
Bei einem langjährigen Arbeitsverhältnis	Angesichts der zwischenzeitlich 8-jährigen Tätigkeit in unserem Hause bat Herr Muster um ein Zwischenzeugnis. Diesem Wunsch haben wir gerne entsprochen.
Längere Unterbrechung des Arbeitsverhältnisses	Dieses Zwischenzeugnis wird Herrn Muster anlässlich seiner beginnenden Elternzeit ausgestellt.
Betriebsübergang nach §613 a BGB	Dieses Zwischenzeugnis wird Herrn Muster anlässlich der Aufnahme von Sozialplanverhandlungen ausgestellt.

Auslandsentsendung des Arbeitnehmers	Herr Muster erhält dieses Zwischenzeugnis, da er ab dem 01.01.2021 seine Tätigkeit an unserem Standort in den USA ausüben wird.
Bei feststehendem Ende des Arbeitsverhältnisses	Herr Muster erhält dieses Zwischenzeugnis, da er das Arbeitsverhältnis auf eigenen Wunsch zum 31.12.2020 beendet.
Bei einem möglichen Ende des Arbeitsverhältnisses	Herr Muster bat uns um Ausstellung dieses Zwischenzeugnisses, da er sich beruflich auf eigenen Wunsch verändern möchte.
Sonstige Gründe	Herr Muster erbat dieses Zwischenzeugnis, da ____. Diesem Wunsch haben wir gerne entsprochen.

Tabelle 1: Anlässe zur Erstellung eines Zwischenzeugnisses

1.5 Formale Aspekte

Ganz gleich ob einfaches oder qualifiziertes Zeugnis, ob Zwischen- oder Abschlusszeugnis – ein Zeugnis muss zunächst einmal formalen Aspekten entsprechen. Zu den Standards eines Arbeitszeugnisses gehört es, dass dieses stets schriftlich auf dem DINA4-Geschäftspapier des Arbeitgebers verfasst wird. Sofern das Zeugnis nicht auf offiziellem Geschäftspapier verfasst würde, ließe sich eine Geringschätzung des Arbeitnehmers durch den Arbeitgeber ableiten. Der offizielle Firmenbriefbogen ist daher absolut Pflicht. Das Arbeitszeugnis ist maschinell zu erstellen, entweder mit Schreibmaschine oder PC.

Ein Arbeitszeugnis sollte auf gutem sprachlichem Niveau in deutscher Sprache formuliert werden, sofern nicht ausdrücklich zwischen Arbeitgeber und Arbeitnehmer eine andere Sprache vereinbart wurde. Der

Zeugnistext sollte frei von Rechtschreib- und Grammatikfehlern sein, wobei sehr geringfügige Fehler zu vernachlässigen sind. Der Zeugnistext darf weder unterstrichen, fett, noch kursiv gedruckt werden. Anführungs-, Ausrufe- und Fragezeichen sind nicht zulässig, ebenfalls sind Streichungen oder Verbesserungen nicht erlaubt.

Ein Arbeitszeugnis darf gefaltet werden, allerdings nicht so stark, dass die Kopierfähigkeit beeinträchtigt wird. Lt. Rechtsprechung ist dies der Fall, wenn sich die Knicke des Originals auf die Kopie abzeichnen. Im Optimalfall wird das Arbeitszeugnis daher überhaupt nicht gefaltet. Bei Versand des Arbeitszeugnisses sollte ein DINA4-Umschlag verwendet werden.

Das Ausstellungsdatum des Arbeitszeugnisses sollte mit dem Zeitpunkt übereinstimmen, an dem das Arbeitsverhältnis endet. Eine Spanne von maximal einer Woche nach Beendigung des Arbeitsverhältnisses ist für gewöhnlich zulässig, wobei die Gepflogenheiten der Branche zu berücksichtigen sind. Ein Ausstellungsdatum, das stark vom Austrittsdatum abweicht, kann negativ interpretiert werden und auf eine arbeitgeberseitige Kündigung hindeuten

2. Grundsätze der Zeugnisformulierung

Abbildung 6: Grundsätze der Zeugnisformulierung

Bei der Erstellung eines Arbeitszeugnisses sind die so genannten Zeugnisgrundsätze zu beachten. Diese sollen eine möglichst objektive und leistungsgerechte Beurteilung des Arbeitnehmers sicherstellen. Folgende Grundsätze sind bei der Formulierung eines Arbeitszeugnisses zu berücksichtigen:

- Grundsatz der Wahrheit
- Grundsatz des Wohlwollens
- Grundsatz der Vollständigkeit
- Grundsatz der Gleichbehandlung
- Grundsatz der Bindung

2.1 Grundsatz der Wahrheit

Der oberste Grundsatz bei der Erstellung eines Arbeitszeugnisses ist der Grundsatz der Wahrheit. Er geht auf eine Entscheidung des Bundesarbeitsgerichts (BAG) zurück und beruht auf der Erkenntnis, dass ein Arbeitszeugnis generell ohne die Existenz der Wahrheitspflicht für Arbeitnehmer und Arbeitgeber völlig wertlos wäre.

Es versteht sich von selbst, dass sich ein künftiger Arbeitgeber nur auf Basis eines wahren Arbeitszeugnisses einen fundierten Eindruck über einen potenziellen Arbeitnehmer verschaffen kann. Der Grundsatz der Wahrheit dient also der Informationsfunktion von Zeugnissen.

Getreu dem Wahrheitsgrundsatz müssen alle Aufgaben, Arbeitsleistungen und das Verhalten des Arbeitnehmers so ausführlich und objektiv wie möglich beurteilt werden. Aus der Wahrheitspflicht ergeben sich in Bezug auf die Erstellung eines Arbeitszeugnisses folgende weitere Erfordernisse:

- Das Arbeitszeugnis muss von einer Person ausgestellt werden, die den Arbeitnehmer auch tatsächlich beurteilen kann. Es muss sowohl die objektiven Fakten des Arbeitsverhältnisses, als auch die Unterschiede zwischen verschiedenen beurteilten Arbeitnehmern korrekt wiedergeben.
- Das Arbeitszeugnis muss so formuliert werden, dass seine Aussagen für den Beurteilten erkennbar sind. Dies bedeutet, dass es einem Arbeitnehmer ersichtlich sein muss, wie gut oder schlecht seine Arbeit

und sein Verhalten bewertet werden. Diesbezüglich sind dem Arbeitnehmer auch die Inhalte bestimmter Formulierungen zu erklären.
- Das Arbeitszeugnis ist so zu formulieren, dass alle Inhalte durch verständige Dritte, z.B. Mitarbeiter in Personalabteilungen, eindeutig verstanden werden können. Zu diesem Ziel muss durch den Ersteller des Zeugnisses die gängige „Zeugnissprache" angewendet werden.
- Alle im Zeugnis gemachten Aussagen und Bewertungen müssen durch den Arbeitgeber objektiv bewiesen werden können. Das Zeugnis darf keinerlei Anschuldigungen, Annahmen, Unterstellungen oder gar bewusst wahrheitswidrige Behauptungen enthalten.

2.2 Grundsatz des Wohlwollens

Ein Arbeitgeber ist laut Recht¬spre¬chung aufgrund seiner bestehenden oder nachwirkenden Fürsorgepflicht sowie seiner über das Arbeitsverhältnis hinausgehenden sozialen Verantwortung gegenüber einem Arbeitnehmer verpflichtet, das Zeugnis mit verständigem Wohlwollen zu formulieren. So darf das Arbeitszeugnis dem Arbeitnehmer das berufliche Fortkommen nicht ungerechtfertigt erschweren und soll ihm eine Chance auf dem Arbeitsmarkt geben.

Dies stellt viele Arbeitgeber bei Ausstellung des Arbeitszeugnisses vor erhebliche Probleme. Denn einerseits muss das Zeugnis gemäß dem obersten Zeugnisgrundsatz wahr sein, andererseits muss dieses wohlwollend formuliert werden. So führt der Grundsatz des Wohlwollens dazu, dass der Zeugnisaussteller selbst unterdurchschnittliche Leistungen oder schlechtes Verhalten des Arbeitnehmers positiv formulieren muss.

Im Laufe der Jahre hat sich daher eine spezifische Zeugnissprache mit so genannten „Verschlüsselungstechniken" herausgebildet. Mit dieser können bestimmte Sachverhalte so verschleiert werden, dass sie einerseits immer noch wohlwollend und gut klingen, auf der anderen Seite jedoch eindeutig Aufschluss über die Leistungen eines Arbeitnehmers geben. Da sich diese Zeugnissprache von der Alltagssprache deutlich unterscheidet, ist zwischen Wahrheit und Wohlwollen oftmals eine regelrechte Gratwanderung vorzunehmen. Es ist auf eine Vielzahl an sprachlichen Feinheiten zu achten, damit das Arbeitszeugnis von späteren Arbeitgebern richtig interpretiert werden kann.

Von Bedeutung ist der Grundsatz des Wohlwollens insbesondere auch dann, wenn bestimmte Tatsachen oder Umstände vorliegen, deren Erwähnung sich nachteilig auf die Beurteilung eines Arbeitnehmers auswirken würde, diese gleichzeitig jedoch nicht von einem so großen Gewicht sind, als dass sie in das Arbeitszeugnis zwingend aufgenommen werden müssten. Auf die Nennung solcher Dinge ist gemäß der Wohlwollenspflicht zu verzichten. Ebenso hat der Arbeitgeber auf die Nennung einmaliger ungünstiger Vorkommnisse zu verzichten, die nicht charakteristisch für das gesamte Arbeitsverhältnis waren.

Der Grundsatz des Wohlwollens bringt ebenfalls mit sich, dass ein Arbeitgeber in Fällen, in denen er sich nicht sicher ist, ob er die positivere oder negativere Formulierung abgeben soll, immer die positivere Variante zu wählen hat.

2.3 Grundsatz der Vollständigkeit

Der Grundsatz der Vollständigkeit ergänzt und unterstreicht den Grundsatz der Wahrheit. Auf Basis des Grundsatzes der Vollständigkeit hat der Arbeitgeber im Arbeitszeugnis alle wesentlichen Angaben in Bezug auf das Arbeitsverhältnis aufzunehmen, die zur Vermittlung des Gesamtbildes des Arbeitnehmers von Bedeutung sind.

So ist im Arbeitszeugnis die gesamte Dauer des Arbeitsverhältnisses zu berücksichtigen, in der der Arbeitnehmer für den Arbeitgeber tätig war. Das Arbeitszeugnis darf keine Lücken enthalten und es darf auch nichts ausgelassen werden, was der kundige Betrachter üblicherweise erwartet. Ein qualifiziertes Schweigen zu bestimmten Inhalten, sprich was nicht im Zeugnis steht, ist auch nicht gut, ist unzulässig.

Im Arbeitszeugnis ist für die gesamte Beschäftigungsdauer ein Durchschnitt aller Arbeitsleistungen zu bilden. Basis für die Leistungsbeurteilung in den einzelnen Kriterien des Arbeitszeugnisses bilden die geführten Beurteilungs- und Mitarbeitergespräche. Die Formulierungen des Arbeitszeugnisses müssen sich mit den Leistungsbeurteilungen des Arbeitnehmers im Rahmen dieser Gespräche decken.

2.4 Grundsatz der Gleichbehandlung

Das Ziel des allgemeinen Gleichbehandlungsgrundsatzes (AGG) ist es, Benachteiligungen aus Gründen der Rasse oder der ethnischen Herkunft, des Geschlechts, der Religion oder Weltanschauung oder aufgrund einer Behinderung, des Alters oder der sexuellen Orientierung zu verhindern oder zu beseitigen. So sind gemäß § 2 Abs. 1 Nr. 1 AGG Benachteiligungen aus den genannten Gründen im Zusammenhang mit der Auswahl und Einstellung von Personal sowie beim beruflichen Aufstieg unzulässig.

Arbeitszeugnisse sind insoweit berührt, da sie Werbe- und Informationsmittel im Arbeitsmarkt sind. Zu den Pflichten des Arbeitgebers in Bezug auf die Zeugnisausstellung gehört das Treffen vorbeugender Maßnahmen zur Verhinderung von Benachteiligungen des Arbeitnehmers. Diese beziehen sich insbesondere auf Zeugnisangaben, anhand derer künftige Bewerbungsprozesse des Arbeitnehmers negativ beeinflusst werden könnten.

Folgende Empfehlungen für die Erstellung von Arbeitszeugnissen in Bezug auf den Grundsatz der Gleichbehandlung können gegeben werden:

- Auf die Angabe des Geburtsorts sollte im Sinne einer möglichen Benachteiligung aufgrund der Rasse oder ethnischen Herkunft verzichtet werden, da es zum Teil Vorurteile gegenüber ausländischen und teilweise auch inländischen Herkunftsorten gibt und der Geburtsort

kaum zum eigentlichen Zeugniszweck beiträgt.
- Auf Ausführungen zur Religion, Weltanschauung oder sexuellen Orientierung des Arbeitnehmers sollte verzichtet werden. Allerdings kann gesagt werden, dass solche Angaben in Arbeitszeugnissen auch unabhängig vom Grundsatz der Gleichbehandlung völlig unüblich sind.
- Zur denkbaren Vermeidung einer Benachteiligung eines behinderten Arbeitnehmers sollte auf Angaben zu dessen Behinderung oder gar auf Details in Bezug auf das Ausmaß der Einschränkung (z.B. Art, Umfang, Folgen, Maßnahmen, Hilfsmittel, usw.) im Arbeitszeugnis verzichtet werden.
- Auf eine Nennung des Alters bzw. Geburtsdatums sollte verzichtet werden, gerade um Vorbehalten gegenüber älteren Arbeitnehmern zu begegnen. Der Verzicht auf Nennung des Geburtsdatums überlässt dem Arbeitnehmer selbst die Freiheit, das Geburtsdatum im Rahmen des Lebenslaufs aufzunehmen oder auch nicht.
- Denkbare Benachteiligungen aufgrund des Geschlechts können durch eine entsprechende Gestaltung des Arbeitszeugnisses wohl kaum ausgeschlossen werden, da sich Hinweise wie „Er/Sie..." oder „Herr/Frau..." im Arbeitszeugnis nicht vermeiden lassen.

2.5 Grundsatz der Bindung

Der Grundsatz der Bindung bedeutet, dass vom Zwischenzeugnis eine gewisse Bindungswirkung auf das Abschlusszeugnis ausgeht. Dies bedeutet, dass ein Arbeitgeber relativ stark an den Inhalt eines zuvor ausgestellten Zwischenzeugnisses gebunden ist, wenn er ein Abschlusszeugnis erstellt. Denn gemäß Rechtsprechung ist das Zwischenzeugnis für den Arbeitgeber die wichtigste Grundlage zur Erstellung des Abschlusszeugnisses.

In der Praxis führt dies dazu, dass nur ein wirklich triftiger Grund zu einem deutlichen Abweichen bei der Benotung der Arbeitsleistung im Zwischen- und Abschlusszeugnis führen kann. So ist eine Abweichung nur möglich, wenn sich die Arbeitsleistung des Arbeitnehmers in der Zeit während des Zwischen- und Abschlusszeugnisses nachweislich dramatisch verbessert oder verschlechtert hat. Die Beweislast zum Nachweis der Verbesserung oder Verschlechterung trägt der Arbeitgeber. Der Grundsatz der Bindung gilt umso stärker, je geringer der zeitliche Abstand ist, der zwischen Abschluss- und Zwischenzeugnis liegt.

Auf Basis der Ausführungen des Bundesarbeitsgerichts gilt die Bindungswirkung selbst dann, wenn ein Betriebsveräußerer das Zwischenzeugnis vor dem Verkauf des Betriebes ausgestellt hat und der Arbeitnehmer das Abschlusszeugnis vom neuen Arbeitgeber verlangt. Aufgrund der vorhandenen Bindungswirkung empfiehlt es sich für den Arbeitnehmer, regelmäßig Zwischenzeugnisse vom Arbeitgeber einzufordern.

Für den Arbeitnehmer besteht kein Anspruch darauf, dass der Arbeitgeber im Abschlusszeugnis die identischen Formulierungen wie im Zwischenzeugnis verwendet. Die Bindungswirkung bezieht sich lediglich auf die Güte der Leistungen. Die komplette Übernahme des Zwischenzeugnisses als Abschlusszeugnis ist jedoch zulässig, sofern die Inhalte den Anforderungen des Abschlusszeugnisses entsprechen.

Für den Arbeitgeber bleibt anzumerken, dass die im laufenden Arbeitsverhältnis ausgestellten Beurteilungen von Arbeitnehmern zur Vermeidung unangenehmer Personalgespräche nicht zu positiv ausfallen sollten. Denn eine spätere Korrektur ist aufgrund des Grundsatzes der Bindung praktisch unmöglich. Genauso wird es für den Arbeitnehmer schwer sein, einmal im Zwischenzeugnis akzeptierte Inhalte für das Abschlusszeugnis ändern zu lassen.

Zum Abschluss dieses Kapitels erhalten Sie den folgenden Mitarbeiter-Bewertungsbogen, der während eines laufenden Arbeitsverhältnisses regelmäßig als Grundlage für Beurteilungsgespräche zwischen Arbeitgeber und Arbeitnehmer dienen kann.

Mitarbeiterinformationen	
Name, Vorname	
Geburtsdatum	
Geburtsort	
Ausbildung/Studienabschluss	
Eintrittsdatum	
Austrittsdatum	
Aktuelle Position im Unternehmen	
Vorherige Position im Unternehmen	
Aktueller Vorgesetzter	
Vorheriger Vorgesetzter	

Mitarbeiterbeurteilung	Beurteilung (Noten 1-5)				
Arbeitsbereitschaft					
Engagement	1	2	3	4	5
Interesse	1	2	3	4	5
Fleiß	1	2	3	4	5
Initiative	1	2	3	4	5
Arbeitsbefähigung					
Auffassungsgabe	1	2	3	4	5
Analysevermögen	1	2	3	4	5
Urteilsvermögen	1	2	3	4	5
Belastbarkeit	1	2	3	4	5
Flexibilität	1	2	3	4	5
Kreativität	1	2	3	4	5
Organisationstalent	1	2	3	4	5
Können	1	2	3	4	5
Fachwissen					
Umfang	1	2	3	4	5
Tiefe	1	2	3	4	5
Nutzen	1	2	3	4	5
Aktualität	1	2	3	4	5

Arbeitsweise					
Selbständigkeit	1	2	3	4	5
Zuverlässigkeit	1	2	3	4	5
Sorgfältigkeit	1	2	3	4	5
Methodik	1	2	3	4	5
Planung	1	2	3	4	5
Zielorientierung	1	2	3	4	5
Arbeitserfolg					
Arbeitsqualität	1	2	3	4	5
Arbeitsquantität	1	2	3	4	5
Zielerreichung	1	2	3	4	5
Problemlösung	1	2	3	4	5
Führungsleistung					
Führungsstil	1	2	3	4	5
Arbeitsatmosphäre	1	2	3	4	5
Überzeugungskraft	1	2	3	4	5
Teamorientierung	1	2	3	4	5
Kooperationsbereitschaft	1	2	3	4	5
Delegation	1	2	3	4	5
Mitarbeiterförderung	1	2	3	4	5
Mitarbeiterzufriedenheit	1	2	3	4	5
Sozialverhalten					
Sozialverhalten gegenüber Internen	1	2	3	4	5
Sozialverhalten gegenüber Externen	1	2	3	4	5
Sonstiges	Beschreibung				
Besondere Erfolge					
Fort- und Weiterbildungen					
Potenzialbeurteilung					
Entwicklungsplan					

Abbildung 7: Mitarbeiter Beurteilungsbogen

3. Inhalte des Arbeitszeugnisses

Abbildung 8: Inhalte des Arbeitszeugnisses

In diesem Abschnitt werden die Inhalte eines qualifizierten Arbeitszeugnisses ausführlich behandelt. Dadurch wird der Leser dieses Ratgebers in die Lage versetzt, ein Arbeitszeugnis eigenständig erstellen und interpretieren zu können.

Der Aufbau eines qualifizierten Arbeitszeugnisses richtet sich nach einem allgemeingültigen Grundschema. Dieses ist zwingend einzuhalten, da sich sonst schnell auf ein wenig fachkundig erstelltes Arbeitszeugnis schließen lässt.

Ein qualifiziertes Arbeitszeugnis sollte nach folgendem Grundschema erstellt werden:
- Überschrift („Arbeitszeugnis", „Zwischenzeugnis")
- Einleitung
- Unternehmensbeschreibung
- Aufgaben- und Tätigkeitsbeschreibung
- Leistungsbeurteilung
- Zusammenfassende Leistungsbeurteilung
- Sozialverhalten
- Schlussabsatz
- Ausstellungsort, Datum und Unterschrift

3.1 Überschrift

Das Abschlusszeugnis sollte mit einem Betreff namens „Arbeitszeugnis" oder „Zeugnis" beginnen. Handelt es sich um ein Zwischenzeugnis, wird die Überschrift in „Zwischenzeugnis" abgewandelt.

Überschriften wie „Beurteilung" oder „Arbeitsbescheinigung" sollten sowohl im Zwischen- als auch im Abschlusszeugnis dringend vermieden werden, da es sich rechtlich gesehen in solchen Fällen nicht um ein Arbeitszeugnis handelt. Darüber hinaus würden durch solche Bezeichnungen auch negative Rückschlüsse auf die beurteilte Person gezogen werden.

Eine Ausnahme in Bezug auf die Überschrift besteht für Auszubildende und Beamte. Im Abschlusszeugnis für Auszubildende sollte als Überschrift der Begriff „Ausbildungszeugnis" gewählt werden. Im Endzeugnis für Beamte sollte als Überschrift die Bezeichnung „Dienstzeugnis" verwendet werden.

3.2 Einleitung

Die Einleitung eines Arbeitszeugnisses umfasst folgende Angaben:
- Vor- und Nachname des Arbeitnehmers
- Akademischer Grad
- Geburtsdatum und Geburtsort (nur auf Wunsch des Arbeitnehmers)
- Eintritts- und Austrittsdatum
- Dauer der Beschäftigung
- Stellen- oder Berufsbezeichnung
- Beförderungen
- Hierarchische Einordnung
- Kompetenzen

Gemäß des allgemeinen Gleichbehandlungsgrundsatzes (AGG) sollte der Arbeitgeber auf die Nennung von Geburtsdatum und -Ort verzichten. Auf ausdrücklichen Wunsch des Arbeitnehmers können diese Angaben jedoch aufgenommen werden.

Durch die Nennung der Stellen- bzw. Berufsbezeichnung erhält der Betrachter direkt im ersten Satz des Zeugnisses eine Vorstellung davon, inwieweit das Profil des Bewerbers mit dem Anforderungsprofil übereinstimmt.

Sofern sich die berufliche Tätigkeit während des Beschäftigungsverhältnisses verändert hat, sollte dies ebenfalls direkt in der Einleitung zum Ausdruck gebracht werden. Gerade wenn mehrere Beförderungen genannt werden können, lässt sich eine konsequente Weiterentwicklung des Mitarbeiters darstellen. Sofern der Arbeitnehmer während der gesamten Beschäftigung immer die gleiche Stelle ausgeführt hat, ist kein Werdegang erforderlich.

Für die zuletzt ausgeführte Position des Arbeitnehmers ist eine hierarchische Einordnung vorzunehmen, etwa wem der Arbeitnehmer unterstellt war und gegebenenfalls wie viele Mitarbeiter er selbst führte.

Wichtig sind auch Angaben zu den Kompetenzen sowie zum Verantwortungsumfang des Arbeitnehmers, z.B. die Höhe des Einkaufsvolumens für einen Einkäufer, die Budgethöhe bei einem Controller oder das Umsatz- und Ertragsvolumen bei einem Verkäufer. Sofern der Arbeitnehmer mit Handlungsvollmacht oder Prokura ausgestattet war, sollte dies ebenfalls genannt werden.

Während die Anschrift des Arbeitnehmers nicht in ein Arbeitszeugnis gehört, ist die Anschrift des Arbeitgebers dem offiziellen Briefbogen des Arbeitnehmers zu entnehmen, auf dem das Arbeitszeugnis gedruckt wird.

Die Einleitung in einem qualifizierten Arbeitszeugnis kann nach folgender Vorlage formuliert werden:

Herr/Frau ____, geboren am ____ in ____, war vom ____ bis ____ in unserem Unternehmen tätig. Während dieser Zeit war er/sie in verschiedenen Funktionen zunächst als ____ in der Abteilung ____ und ab dem ____ als ____ im Bereich ____ tätig. In seiner/ihrer letzten Position war er/sie dem/der ____ unterstellt und leitete selbst ein Team von ____ Mitarbeitern. Seine/Ihre Arbeitszeit umfasste ____ Std. wöchentlich.

Abbildung 9: Einleitung

3.3 Unternehmensbeschreibung

Die Unternehmensbeschreibung ist kein gesetzlicher Pflichtbestandteil des Arbeitszeugnisses. Allerdings ist es besonders für kleine oder mittelständische Unternehmen sinnvoll, gerade wenn sie nur regional agieren, im Arbeitszeugnis einige Worte über das Unternehmen einzubauen. Ein künftiger Arbeitgeber erhält so direkt einen Einblick von der Art, der Größe und der Organisation des Unternehmens und kann einschätzen, ob sich ein potenzieller Mitarbeiter auch im neuen Unternehmen zurechtfinden würde. Denn die Arbeitsweise und die Organisation innerhalb eines Konzerns unterscheiden sich beispielsweise erheblich von einem Familienbetrieb.

Typische Unternehmensinformationen sind:
- Branche
- Jahresumsatz
- Mitarbeiterzahl
- Standorte
- Produkte
- Dienstleistungen
- Marktposition
- Erfolgsfaktoren

Eine überzeugend formulierte Unternehmensbeschreibung verbessert nicht nur die Chancen des Arbeitnehmers auf dem Arbeitsmarkt, sondern dient auch dem Unternehmen als eine Art Marketinginstrument, indem es sich der Branche positiv verkauft. So ist es nicht verwunderlich, dass in den letzten Jahren immer mehr Unternehmen dazu übergehen, eine Unternehmensbeschreibung in das Arbeitszeugnis zu integrieren.

Bei der Formulierung der Unternehmensbeschreibung ist darauf zu achten, dass diese niemals länger ausfällt als die Aufgabenbeschreibung des Arbeitnehmers. Dies würde interpretiert werden, als ob das Unternehmen zwar erfolgreich am Markt tätig war, der Mitarbeiter jedoch wenig erfolgreich gearbeitet hat.

Die Unternehmensbeschreibung kann entsprechend der folgenden Vorlage formuliert werden:

> Wir sind ein kleines/mittleres/großes Unternehmen in der ____-Branche mit ____ Mitarbeitern. Im Jahr ____ erzielten wir einen Umsatz i.H.v. ____ €. Unsere Hauptumsatzträger sind ____. Insbesondere im Bereich ____ sind wir Marktführer. Der Garant für unseren Unternehmenserfolg ist die herausragende Qualität unserer Produkte und Dienstleistungen, was zu hoher Kundenzufriedenheit und Kundenbindung führt.

Abbildung 10: Unternehmensbeschreibung

3.4 Aufgaben- und Tätigkeitsbeschreibung

In der Aufgaben- und Tätigkeitsbeschreibung beschreibt der Arbeitgeber das gesamte Arbeitsfeld des Arbeitnehmers vollständig und präzise. Ziel ist, dass sich ein außenstehender Dritter ein umfassendes Bild vom potenziellen Arbeitnehmer machen kann.

So muss anhand des Arbeitszeugnisses erkennbar sein, ob ein Bewerber dem Anforderungsprofil einer ausgeschriebenen Stelle entspricht oder nicht. Deshalb sind der konkrete Verantwortungsbereich, Aufgaben, Spezialaufgaben und Projekte zu nennen.

Wie umfangreich und komplex der Aufgabenbereich dargestellt wird, hängt von der Position, der Berufserfahrung und der hierarchischen Einordnung des Arbeitnehmers ab. Bei der Beschreibung der einzelnen Aufgaben sollten die branchenüblichen Bezeichnungen und Begriffe verwendet werden.

Die einzelnen Aufgabenbereiche können entweder im Rahmen eines Fließtextes ausformuliert oder als Aufzählung in tabellarischer Form dargestellt werden. Zur Stärkung der Struktur und Übersichtlichkeit empfiehlt sich die tabellarische Form. Hierbei werden die wichtigsten Aufgaben zuerst und später die weniger wichtigen Nebentätigkeiten aufgeführt.

Die Erstellung der Aufgaben- und Tätigkeitsbeschreibung kann durch folgende Dokumente und Informationen unterstützt werden:
- Stellen- und Arbeitsplatzbeschreibung
- Tatsächlich im Arbeitsalltag ausgeführte Aufgaben und Tätigkeiten
- Inhalte des Arbeitsvertrags
- Erreichte Leistungen und Erfolge
- Mitarbeitergespräche

3.5 Leistungsbeurteilung

Die Leistungsbeurteilung ist der wichtigste Teil in einem qualifizierten Arbeitszeugnis. Ab hier beginnt der subjektive Teil des Zeugnisses. Die Leistungsbeurteilung umfasst mehrere Teilbereiche, die getrennt voneinander benotet werden. In den letzten Jahren haben sich diesbezüglich einige Standards entwickelt, die unbedingt berücksichtigt werden müssen.

Dies gilt insbesondere seit dem Urteil des Landesarbeitsgerichtes Hamm, wonach die Richter zu dem Ergebnis gelangten, dass bei der Erstellung eines Arbeitszeugnisses eine fest vorgegebene Gliederung einzuhalten ist, wobei ein vollständiges Arbeitszeugnis Aussagen zu allen Komponenten der Gliederung enthalten muss.

Die Leistungsbeurteilung im Arbeitszeugnis erfolgt demnach anhand folgender Komponenten:

- Arbeitsbereitschaft
- Arbeitsbefähigung
- Arbeitsweise
- Arbeitserfolg
- Führungsleistung
- Zusammenfassende Leistungsbeurteilung
- Sozialverhalten
- Schlussabsatz
- Ausstellungsort, Datum und Unterschrift

Für Ausbildungszeugnisse gilt diese Gliederung nicht. Hier stehen insbesondere die praktische Arbeitsleistung sowie die Lernleistung im Vordergrund. Zusätzlich werden die verschiedenen „Stationen" der Ausbildung sowie die dabei erlangten Fähigkeiten und Kenntnisse beschrieben. Darüber hinaus muss ein Ausbildungszeugnis Angaben zur Abschlussprüfung enthalten.

Für Arbeitszeugnisse von Werkstudenten und Praktikanten gelten im Wesentlichen die gleichen Anforderungen wie für Auszubildende.

Die Leistungsbeurteilung muss für mögliche Betrachter des Arbeitszeugnisses messbar formuliert werden. Schließlich soll sich ein zukünftiger Arbeitgeber ein zuverlässiges Bild über einen Kandidaten machen können. Diesbezüglich sollten Leistungsaspekte wie Fachwissen, Qualität, Quantität und Effizienz besonders hervorgehoben werden.

Zur verbalen Formulierung der Noten in den einzelnen Bereichen und zur Abstufung einzelner Leistungen wird die spezifische Zeugnissprache mit den sogenannten Verschlüsselungstechniken verwendet.

3.5.1 Arbeitsbereitschaft

Unter der Arbeitsbereitschaft wird das „Wollen" eines Arbeitnehmers verstanden, d.h. es werden Angaben zu dessen Motivation gemacht. Zur Beurteilung der Arbeitsbereitschaft werden Begriffe wie Engagement, Initiative, Einsatzwille, Zielstrebigkeit, Pflichtbewusstsein, Dynamik, Interesse und Fleiß eingesetzt.

Einige Beispiele zur notenmäßigen Leistungsabstufung der Arbeitsbereitschaft zeigt die folgende Tabelle:

Formulierung	Note
Er/Sie zeigte stets außerordentlich viel Fleiß, Eifer und Initiative	Sehr gut
Er/Sie hat sich mit großem Engagement und Erfolg in neue Arbeitsgebiete eingearbeitet	Sehr gut
Er/Sie war stets sehr gut motiviert	Sehr gut
Er/Sie zeigte stets Fleiß, Eifer und Initiative	Gut
Er/Sie hat sich mit Engagement und Erfolg in neue Arbeitsgebiete eingearbeitet	Gut
Er/Sie war stark motiviert	Gut
Er/Sie zeigte Fleiß, Eifer und Initiative	Befriedigend
Er/Sie hat sich mit Erfolg in neue Arbeitsgebiete eingearbeitet	Befriedigend
Er/Sie war motiviert	Befriedigend

Er/Sie zeigte nach entsprechendem Hinweis Eifer und Fleiß	Ausreichend
Er/Sie erledigte die Arbeiten und Aufgaben im Großen und Ganzen engagiert	Ausreichend
Er/Sie entsprach der geforderten Einsatzbereitschaft	Ausreichend
Er/Sie führte Aufgaben stets unter Anleitung aus	Mangelhaft
Er/Sie bemühte sich, Aufgaben und Arbeiten engagiert zu erledigen	Mangelhaft
Er/Sie zeigte nach entsprechendem Hinweis auch Einsatzbereitschaft	Mangelhaft

Tabelle 2: Formulierungen zur Arbeitsbereitschaft

3.5.2 Arbeitsbefähigung

Bei der Arbeitsbefähigung geht es um das „Können" des Arbeitnehmers, d.h. es werden Angaben zu dessen fachlicher Kompetenz gemacht. Unter Arbeitsbefähigung werden die geistigen, körperlichen und psychischen Fähigkeiten eines Arbeitnehmers verstanden. Beurteilt werden Aspekte wie Intelligenz, Auffassungsgabe, Denkvermögen, Urteilsvermögen, Belastbarkeit, Kreativität, Flexibilität, Berufserfahrung, Fachwissen und Weiterbildung.

Darüber hinaus wird bewertet, wie sich der Arbeitnehmer in schwierigen Situationen verhält und ob er qualifizierte Problemlösungen entwickeln kann. Aufgrund des kontinuierlich zunehmenden Leistungsdrucks, gerade in Wirtschaftsberufen, werden häufig auch Angaben zur Ausdauer und Belastbarkeit eines Mitarbeiters gemacht.

Einige Sätze zur Leistungsabstufung der Arbeitsbefähigung zeigt die folgende Zusammenstellung:

Formulierung	Note
Seine/Ihre Arbeitsbefähigung war in jeder Hinsicht sehr gut	Sehr gut
Er/Sie besitzt ein umfassendes, detailliertes und aktuelles Fachwissen und wendet dieses jederzeit hochwirksam in der Berufspraxis an	Sehr gut
Er/Sie bewältigte alle Aufgaben auch unter schwierigsten Arbeitsbedingungen stets sehr gut	Sehr gut
Seine/Ihre Arbeitsbefähigung war sehr gut	Gut
Er/Sie besitzt ein umfassendes, detailliertes und aktuelles Fachwissen und wendet dieses hochwirksam in der Berufspraxis an	Gut
Er/Sie bewältigte auch unter schwierigsten Arbeitsbedingungen alle Aufgaben sehr gut	Gut
Seine/Ihre Arbeitsbefähigung war gut	Befriedigend
Er/Sie besitzt ein umfassendes, detailliertes und aktuelles Fachwissen, verfügt über eine breite Berufserfahrung und beherrscht den Arbeitsbereich souverän	Befriedigend
Er/Sie bewältigte auch unter schwierigsten Arbeitsbedingungen alle Aufgaben	Befriedigend
Seine/Ihre Arbeitsbefähigung entsprach den Erwartungen	Ausreichend
Er/Sie besitzt Fachwissen und wendet dieses in der Berufspraxis an	Ausreichend
Er/Sie bewältigte alle Aufgaben	Ausreichend

Seine/Ihre Arbeitsbefähigung entsprach im Allgemeinen den Erwartungen	Mangelhaft
Er/Sie wendet auch Fachwissen in der Berufspraxis an	Mangelhaft
Er/Sie bewältigte im Allgemeinen alle Aufgaben	Mangelhaft

Tabelle 3: Formulierungen zur Arbeitsbefähigung

3.5.3 Arbeitsweise

Unter der Arbeitsweise wird die praktische Umsetzung der Arbeitsbereitschaft und der Arbeitsbefähigung verstanden. Diesbezüglich werden z.B. Aspekte wie Zuverlässigkeit, Selbständigkeit, Sorgfalt, Vollständigkeit, Schnelligkeit, Planung, Methodik und Gewissenhaftigkeit gewürdigt. Besonders das Kriterium der Zuverlässigkeit gehört zu den wichtigsten Eigenschaften und ist für Arbeitszeugnisse aller Berufsgruppen eine Kerneigenschaft.

Einige Beispiele zur notenmäßigen Leistungsabstufung der Arbeitsweise zeigt die folgende Tabelle:

Formulierung	Note
Er/Sie erledigte alle Aufgaben stets äußerst zuverlässig, sorgfältig und selbstständig mit größter Genauigkeit	Sehr gut
Er/Sie arbeitete stets sehr zielstrebig, umsichtig und termingerecht	Sehr gut
Er/Sie war stets in allerhöchstem Maße planvoll, sorgfältig und effizient	Sehr gut
Er/Sie erledigte alle Aufgaben äußerst zuverlässig, sorgfältig und selbstständig mit größter Genauigkeit	Gut

Er/Sie arbeitete sehr zielstrebig, umsichtig und termingerecht	Gut
Er/Sie war in allerhöchstem Maße planvoll, sorgfältig und effizient	Gut
Er/Sie erledigte alle Aufgaben zuverlässig, sorgfältig und selbstständig mit großer Genauigkeit	Befriedigend
Er/Sie arbeitete zielstrebig, umsichtig und termingerecht	Befriedigend
Er/Sie war planvoll, sorgfältig und effizient	Befriedigend
Er/Sie erledigte die Aufgaben meist zuverlässig, sorgfältig und selbstständig	Ausreichend
Er/Sie arbeitete meist zielstrebig, umsichtig und termingerecht	Ausreichend
Er/Sie war meist planvoll, sorgfältig und effizient	Ausreichend
Er/Sie bemühte sich, die Aufgaben zuverlässig, sorgfältig und selbstständig zu erledigen	Mangelhaft
Er/Sie arbeitete hin und wieder zielstrebig, umsichtig und auch termingerecht	Mangelhaft
Er/Sie war teilweise planvoll, sorgfältig und effizient	Mangelhaft

Tabelle 4: Formulierungen zur Arbeitsweise

3.5.4 Arbeitserfolg

Auch der Arbeitserfolg eines Arbeitnehmers wird in einem qualifizierten Arbeitszeugnis bewertet. Er resultiert aus den beiden folgenden Teilkriterien:

- Arbeitsquantität
- Arbeitsqualität

Grundsätzlich muss sich in Bezug auf den Arbeitserfolg die typische Normalleistung eines Arbeitnehmers im Arbeitszeugnis wiederspiegeln. Allerdings sollen auch individuelle und einzigartige Besonderheiten, wie z.B. herausragende Erfolge, zum Ausdruck kommen.

Generell kann gesagt werden, dass besondere Arbeitsfolge einem Zeugnis eine individuelle Note verleihen. Es empfiehlt sich, bei der Beurteilung des Arbeitserfolgs Bezug zur Aufgaben- und Tätigkeitsbeschreibung zu nehmen. Sofern dort beispielsweise angegeben ist, dass ein Arbeitnehmer für den Ausbau des Kundenstamms zuständig war, so sollte die Beurteilung konkret aussagen, wie erfolgreich er diese Aufgaben bewältigt hat.

Weitere Beispiele für nennenswerte Spitzenleistungen wären z.B. außergewöhnlich gute Verkaufsabschlüsse, technisch hochkomplexe Produktentwicklungen, herausragende Projekterfolge oder erfolgreich durch das Unternehmen umgesetzte Verbesserungsvorschläge.

Wird in einem Zeugnis eine zügige und effiziente Arbeitsweise bescheinigt, sollte auch die Qualität der ausgeführten Arbeiten bewertet werden, da sonst der Leser einen Widerspruch und somit eine Abwertung des Zeugnisses vermuten könnte.

Einige Beispiele zur Beurteilung des Arbeitserfolgs in Abhängigkeit einzelner Noten zeigt die folgende Übersicht:

Formulierung	Note
Er/Sie beeindruckte uns stets durch sehr gute Arbeitsqualität, wobei die Ziele sogar noch übertroffen wurden	Sehr gut
Er/Sie erledigte die umfangreichen Arbeitsaufgaben zügig und stets sehr gut	Sehr gut
Er/Sie fand stets hervorragende Problemlösungen, die erfolgreich umgesetzt wurden	Sehr gut
Er/Sie beeindruckte uns durch sehr gute Arbeitsqualität, wobei die Ziele sogar noch übertroffen wurden	Gut
Er/Sie erledigte die umfangreichen Arbeitsaufgaben zügig und sehr gut	Gut
Er/Sie fand hervorragende Problemlösungen, die erfolgreich umgesetzt wurden	Gut
Er/Sie hatte eine gute Arbeitsqualität, wobei die Ziele erreicht wurden	Befriedigend
Er/Sie erledigte die umfangreichen Arbeitsaufgaben zügig und gut	Befriedigend
Er/Sie fand adäquate Problemlösungen, die erfolgreich umgesetzt wurden	Befriedigend
Er/Sie erreichte meist die selbst gesetzten und vereinbarten Ziele	Ausreichend
Er/Sie erledigte die umfangreichen Arbeitsaufgaben meist zügig und gut	Ausreichend
Er/Sie fand meist adäquate Problemlösungen, die erfolgreich umgesetzt wurden	Ausreichend
Er/Sie erreichte die selbst gesetzten und vereinbarten Ziele teilweise	Mangelhaft

Er/Sie erledigte die Arbeitsaufgaben manchmal zügig und auch gut	Mangelhaft
Er/Sie fand auch Problemlösungen, die umgesetzt wurden	Mangelhaft

Tabelle 5: Formulierungen zum Arbeitserfolg

3.5.5 Führungsleistung

Die Führungsleistung beurteilt die Qualität der Führung von Mitarbeitern durch Vorgesetzte und ist bei Angestellten mit Personalverantwortung Pflichtbestandteil des Arbeitszeugnisses. Folgende Aspekte der Führung können in einem Arbeitszeugnis thematisiert werden:

- Führungsstil (autoritär, kooperativ, konsequent)
- Führungstechniken sowie Mittel der Mitarbeitermotivation
- Ausmaß der Delegation von Aufgaben
- Informations- und Kommunikationsstil
- Teamzusammenhalt, Abteilungsatmosphäre und Arbeitsklima
- Mitarbeiterzufriedenheit
- Erfolge bei der Förderung von Mitarbeitern
- Angaben zur Entwicklung der Fluktuations- und/oder Fehlzeitenquote

Wichtig bei der Beurteilung der Führungsleistung ist, dass diese sowohl in Bezug auf die Abteilungsleistung insgesamt, als auch auf die Zufriedenheit der einzelnen Mitarbeiter, sprich des Abteilungsklimas, beurteilt wird.

Die notenmäßige Abstufung der Führungsleistung im Arbeitszeugnis kann wie folgt geschehen:

Formulierung	Note
Er/Sie pflegte einen kooperativen Führungsstil, setzte sich in schwierigen Situationen aber auch mit der notwendigen Konsequenz durch und erreichte so ein stets sehr gutes Abteilungsergebnis.	Sehr gut
Herr/Frau ____ war ein(e) absolut überzeugende(r) und verbindliche(r) Vorgesetzte(r). Er/Sie delegierte Aufgaben, Kompetenzen und Verantwortung stets in angemessenem Umfang und förderte so die Selbstständigkeit seiner/ihrer Mitarbeiter.	Sehr gut
Aufgrund seiner/ihrer hervorragenden Führungsqualitäten war er/sie als Vorgesetzte(r) beliebt und anerkannt. In seiner/ihrer Abteilung herrschte jederzeit eine offene und fokussierte Arbeitsatmosphäre.	Sehr gut
Er/Sie pflegte einen kooperativen Führungsstil, setzte sich in schwierigen Situationen aber auch mit der notwendigen Konsequenz durch und erreichte so stets ein gutes Abteilungsergebnis.	Gut
Herr/Frau ____ war ein(e) überzeugende(r) und verbindliche(r) Vorgesetzte(r). Er/Sie delegierte Aufgaben, Kompetenzen und Verantwortung in angemessenem Umfang und förderte so die Selbstständigkeit seiner/ihrer Mitarbeiter.	Gut
Aufgrund seiner/ihrer stets guten Führungsqualitäten war er/sie als Vorgesetzte(r) beliebt und anerkannt. In seiner/ihrer Abteilung herrschte eine offene und fokussierte Arbeitsatmosphäre.	Gut
Er/Sie pflegte einen kooperativen Führungsstil, setzte sich in schwierigen Situationen aber auch mit der notwendigen Konsequenz durch und erreichte so ein stets zufriedenstellendes Abteilungsergebnis.	Befriedigend

Herr/Frau ___ war ein(e) überzeugende(r) und verbindliche(r) Vorgesetzte(r). Er/Sie delegierte Aufgaben, Kompetenzen und Verantwortung in der Regel in angemessenem Umfang und förderte so die Selbstständigkeit seiner/ihrer Mitarbeiter.	Befriedigend
Aufgrund seiner/ihrer guten Führungsqualitäten war er/sie als Vorgesetzte(r) beliebt und anerkannt. In seiner/ihrer Abteilung herrschte eine offene und fokussierte Arbeitsatmosphäre.	Befriedigend
Er/Sie pflegte einen kooperativen Führungsstil, konnte sich in schwierigen Situationen aber auch mit der notwendigen Konsequenz durchsetzen und erreichte so regelmäßig ein zufriedenstellendes Abteilungsergebnis.	Ausreichend
Herr/Frau ___ war ein(e) insgesamt überzeugende(r) und verbindliche(r) Vorgesetzte(r). Er/Sie delegierte Aufgaben, Kompetenzen und Verantwortung in der Regel in angemessenem Umfang und förderte so auch die Selbstständigkeit seiner/ihrer Mitarbeiter.	Ausreichend
Aufgrund seiner/ihrer zufriedenstellenden Führungsqualitäten war er/sie als Vorgesetzte(r) beliebt und anerkannt. In seiner/ihrer Abteilung herrschte in der Regel eine offene und fokussierte Arbeitsatmosphäre.	Ausreichend
Er/Sie pflegte einen kooperativen Führungsstil, konnte sich in schwierigen Situationen aber auch mit der notwendigen Konsequenz durchsetzen und erreichte so insgesamt ein zufriedenstellendes Abteilungsergebnis.	Mangelhaft
Herr/Frau ___ war ein(e) im Großen und Ganzen verbindliche(r) Vorgesetzte(r). Er/Sie delegierte Aufgaben, Kompetenzen und Verantwortung in der Regel in angemessenem Umfang und förderte so auch die Selbstständigkeit seiner/ihrer Mitarbeiter.	Mangelhaft

Aufgrund seiner/ihrer insgesamt zufriedenstellenden Führungsqualitäten war er/sie als Vorgesetzte(r) beliebt und anerkannt. In seiner/ihrer Abteilung herrschte im Großen und Ganzen eine offene und fokussierte Arbeitsatmosphäre.	Mangelhaft

Tabelle 6: Formulierungen zur Führungsleistung

3.6 Zusammenfassende Leistungsbeurteilung

Die zusammenfassende Leistungsbeurteilung ist die zentrale Aussage und das wichtigste Element des gesamten Arbeitszeugnisses. Als Gesamtbewertung eines Arbeitnehmers fasst sie quasi alle gemachten Aussagen und Einzelbewertungen noch einmal zu einer Gesamtnote zusammen. So kann der Betrachter des Zeugnisses auf einen Blick feststellen, wie die Arbeitsleistung eines Arbeitnehmers insgesamt beurteilt wurde.

Von potenziellen Arbeitgebern wird daher zunächst oftmals nur diese Passage gelesen. Danach wird entschieden, ob die Bewerbung weiter berücksichtigt wird und weitere Teile betrachtet werden. Die zusammenfassende Leistungsbeurteilung dient somit vielfach der Vorauswahl von Bewerbern.

Die zusammenfassende Leistungsbeurteilung wird mit der sogenannten Zufriedenheitsformel formuliert. Die Notenabstufung erfolgt typischerweise mit Begriffen wie „stets", „jederzeit" oder „immer", z.B. wie folgt:

Formulierung	Note
Die Herrn/Frau ____ übertragenen Aufgaben erledigte er/sie stets zu unserer vollsten Zufriedenheit.	Sehr gut
Die Herrn/Frau ____ übertragenen Aufgaben erledigte er/sie stets zu unserer vollen Zufriedenheit.	Gut
Die Herrn/Frau ____ übertragenen Aufgaben erledigte er/sie zu unserer vollen Zufriedenheit.	Befriedigend
Die Herrn/Frau ____ übertragenen Aufgaben erledigte er/sie meist zu unserer vollen Zufriedenheit.	Ausreichend
Die Herrn/Frau ____ übertragenen Aufgaben erledigte er/sie im Großen und Ganzen zu unserer Zufriedenheit.	Mangelhaft

Tabelle 7: Formulierung der zusammenfassenden Leistungsbeurteilung

Gemäß Rechtsprechung ist eine sehr gute Beurteilung nur dann auszustellen, wenn ein Arbeitnehmer seine Tätigkeit ohne jede Beanstandung erbracht hat und zusätzlich besonders auszeichnende Umstände vorliegen.

Ist ein Arbeitnehmer nicht zufrieden mit seiner Beurteilung, trägt er die Beweislast zum Nachweis der eigentlich korrekten Note. Ab einer unterdurchschnittlichen Beurteilung, sprich ausreichend und schlechter, trägt der Arbeitgeber die Beweispflicht. Diesbezüglich muss er z.B. darlegen, dass der Arbeitnehmer Fehler gemacht hat, abgemahnt oder bestraft wurde.

In Ausbildungszeugnissen kann der Zeugnisaussteller wählen, ob sich die Gesamtnote des Arbeitszeugnisses nur aus den betrieblich erreichten Leistungen zusammensetzt, oder auch das Ergebnis der Abschlussprüfung der IHK oder Handwerkskammer berücksichtigt wird. Es wird jedoch empfohlen, in der Zufriedenheitsformel nur die betrieblichen

Leistungen zu berücksichtigen und das Ergebnis der Abschlussprüfung separat zu nennen. Dadurch werden die erreichten Leistungen in den Bereichen Theorie und Praxis nicht vermischt.

3.7 Sozialverhalten

Ein potenzieller Arbeitgeber möchte nicht nur Auskunft über die Qualifikationen, Erfahrungen und Leistungen eines Arbeitnehmers, vielmehr möchte er auch wissen, mit wem er es auf menschlicher Ebene zu tun hat. Diesbezüglich wird auch das Sozialverhalten im Arbeitszeugnis beurteilt. Besondere Bedeutung kommt dem Sozialverhalten eines Arbeitnehmers in Berufen mit vielen zwischenmenschlichen Kontakten zu, z.B. in Service-Berufen und in Tätigkeiten, bei denen Teamarbeit im Vordergrund steht.

Die Ausführungen zum Sozialverhalten werden im Arbeitszeugnis auf zwei Bereiche aufgeteilt:

- internes Sozialverhalten
- externes Sozialverhalten

3.7.1 Verhalten gegenüber Internen

Das Arbeitszeugnis muss Angaben zum Verhalten gegenüber „Internen" wie Vorgesetzte, Mitarbeiter und Kollegen enthalten. Es werden Aspekte wie Teamfähigkeit, Kontaktfreude, Hilfsbereitschaft, Loyalität, Auftreten und Aufgeschlossenheit bewertet.

Es ist wichtig, dass sowohl das Verhalten gegenüber Vorgesetzten, als auch das Verhalten zu gleichgestellten Mitarbeitern beurteilt wird. Sofern das Verhalten zu anderen Mitarbeitern nicht bewertet wird, deutet dies auf Schwierigkeiten mit Kollegen hin. Ebenso dürfte das Verhältnis zum Vorgesetzten belastet sein, wenn dieser nicht genannt wird. Falls ein Arbeitnehmer Führungsverantwortung hatte, müssen auch dessen Mitarbeiter genannt werden.

Das Verhalten gegenüber Vorgesetzten ist immer an erster Stelle zu nennen. Erst danach folgen Angaben zu Mitarbeitern und Kollegen. Sofern Vorgesetzte an zweiter oder womöglich gar an dritter Stelle stehen, deutet dies auf ein schwieriges Verhältnis zwischen dem Chef und dem Arbeitnehmer hin.

Einige Beispiele zur Notenabstufung des Verhaltens gegenüber Internen zeigt die folgende Übersicht:

Formulierung	Note
Sein/Ihr Verhalten gegenüber Vorgesetzten, Mitarbeitern und Kollegen war stets sehr gut	Sehr gut
Sein/Ihr Verhalten gegenüber Vorgesetzten, Mitarbeitern und Kollegen war immer einwandfrei	Gut
Sein/Ihr Verhalten gegenüber Vorgesetzten, Mitarbeitern und Kollegen war einwandfrei	Befriedigend
Sein/Ihr Verhalten gegenüber Vorgesetzten, Mitarbeitern und Kollegen war zufriedenstellend	Ausreichend
Sein/Ihr Verhalten gegenüber Vorgesetzten, Mitarbeitern und Kollegen war insgesamt zufriedenstellend	Mangelhaft

Tabelle 8: Formulierungen zum Verhalten gegenüber Internen

3.7.2 Verhalten gegenüber Externen

In vielen Berufen hat ein Arbeitnehmer nicht nur mit „Internen" Kontakt, sondern auch mit Akteuren außerhalb des Unternehmens zu tun, z.B. mit Kunden, Lieferanten, Gästen, Patienten, Mandanten, Dienstleistern und Geschäftspartnern. Deshalb wird im Arbeitszeugnis auch das Verhalten gegenüber „Externen" benotet.

Wird das Verhalten gegenüber Externen nicht bewertet, deutet dies sehr stark auf ein schlechtes Verhältnis zu den Gruppen außerhalb des Unternehmens hin. Das Arbeitszeugnis wird dann insgesamt stark abgewertet. Im Einzelhandel und in der Gastronomie ist das Verhalten gegenüber Externen eng mit der Leistungsbeurteilung verbunden.

Das Sozialverhalten gegenüber Externen kann im Arbeitszeugnis in Abhängigkeit der Note wie folgt formuliert werden:

Formulierung	Note
Sein Verhalten gegenüber Kunden und anderen Geschäftspartnern war stets vorbildlich	Sehr gut
Sein Verhalten gegenüber Kunden und anderen Geschäftspartnern war stets einwandfrei	Gut
Sein Verhalten gegenüber Kunden und anderen Geschäftspartnern war einwandfrei	Befriedigend
Sein Verhalten gegenüber Kunden und anderen Geschäftspartnern war nicht zu beanstanden	Ausreichend
Er bemühte sich stets um ein freundliches und höfliches Verhalten gegenüber unseren Kunden und Geschäftspartnern	Mangelhaft

Tabelle 9: Formulierungen zum Verhalten gegenüber Externen

Auch beim Verhalten gegenüber „Externen" ist es wichtig, dass alle Außenkontakte genannt werden. Sofern eine Gruppe fehlt, deutet dies immer darauf hin, dass dem Mitarbeiter im Verhalten gegenüber dieser Gruppe ein Makel unterstellt wird.

Bezüglich der Reihenfolge zur Bewertung des Verhaltens gegenüber Externen gibt es keine vorgeschriebene Regel. Gerade bei Berufsgruppen mit sehr viel Kundenkontakt wie Verkäufer und Kundendienstmitarbeiter empfiehlt es sich jedoch, die Kunden an erster Stelle zu nennen.

3.8 Schlussabsatz

Die Schlussformulierung gilt für viele Personalverantwortliche neben der zusammenfassenden Leistungsbeurteilung als „Schlüsselelement" zur Bewertung der Qualität eines Bewerbers. Deshalb lesen sie die zusammenfassende Leistungsbeurteilung und die Schlussformulierung zuerst und entscheiden anschließend, ob weitere Passagen überhaupt noch betrachtet werden.

Der Schlussabsatz besteht aus folgenden Elementen:
- Beendigungsformel
- Dankes-Bedauern-Formel
- Zukunftswünsche

Aus dem Schlussabsatz geht einerseits hervor, warum der Arbeitnehmer das Unternehmen verlässt. Andererseits erfährt der Betrachter, ob der Arbeitgeber das Ausscheiden des Arbeitnehmers bedauert, ihm dankt und gute Wünsche für die Zukunft ausstellt.

Ein Arbeitsverhältnis kann grundsätzlich durch die folgenden Möglichkeiten beendet werden:
- arbeitnehmerseitige Kündigung
- arbeitgeberseitige Kündigung
- einvernehmliche Kündigung durch Aufhebungsvertrag
- durch einen befristeten Arbeitsvertrag

Auch für die Beendigungsformel haben sich in Bezug auf die Verschlüsselungstechniken zwischenzeitlich Standards herauskristallisiert, die eindeutige Rückschlüsse zulassen, ob ein Arbeitnehmer selbst gekündigt hat, ihm gekündigt wurde, ein Aufhebungsvertrag geschlossen wurde oder es sich um ein befristetes Arbeitsverhältnis handelte.

Die wichtigsten Formulierungen zeigt die folgende Tabelle:

Formulierung	Kündigung
Er/Sie verlässt uns auf eigenen Wunsch zum ____, um sich beruflich zu verändern.	Arbeitnehmer
Er/Sie verlässt uns auf eigenen Wunsch zum ____, um sich einer noch größeren beruflichen Herausforderung zu stellen.	Arbeitnehmer
Er/Sie hat das Arbeitsverhältnis fristgerecht zum ____ gekündigt. Er/Sie verlässt uns auf eigenen Wunsch, um ____.	Arbeitnehmer
Das Arbeitsverhältnis von Herrn/Frau ____ endet am ____ aus persönlichen Gründen.	Arbeitgeber, personenbedingt
Das Arbeitsverhältnis mit Herrn/Frau ____ endet vorzeitig mit dem heutigen Tag aus aktuellem Anlass.	Arbeitgeber, verhaltensbedingt
Das Ausscheiden von Herrn/Frau ____ erfolgt zum ____ betriebsbedingt unter Einhaltung der Sozialauswahl.	Arbeitgeber, betriebsbedingt
Das Arbeitsverhältnis endet innerhalb der Probezeit fristgerecht zum ____. Wir bedauern, dass wir Herrn/Frau ____ keine Festanstellung bieten können.	Arbeitgeber, während der Probezeit
Das Arbeitsverhältnis mit Herrn/Frau ____ endet am ____ im gegenseitigen Einvernehmen.	Aufhebungsvertrag
Das Ausscheiden von Herrn/Frau ____ zum ____ erfolgte in bestem beiderseitigen Einverständnis.	Aufhebungsvertrag
Das Arbeitsverhältnis mit Herrn/Frau ____ endet zum ____ einvernehmlich per Aufhebungsvertrag.	Aufhebungsvertrag

Das befristete Arbeitsverhältnis mit Herrn/Frau ____ endet am ____ mit Ablauf der vereinbarten Vertragslaufzeit.	befristetes Arbeitsverhältnis
Das befristete Arbeitsverhältnis mit Herrn/Frau ____ endet am ____ durch Ablauf der festgelegten Vertragslaufzeit.	befristetes Arbeitsverhältnis

Tabelle 10: Formulierungen zum Kündigungsgrund

Im Schlussabsatz werden neben dem Grund des Ausscheidens auch dankende Worte und gute Wünsche für die weitere private und berufliche Entwicklung des Arbeitnehmers erteilt. Auch das Bedauern bezüglich des Ausscheidens des Arbeitnehmers kann zum Ausdruck gebracht werden. Dies geschieht mit der sogenannten Dankes-Bedauern-Formel.

Die folgende Zusammenstellung zeigt Beispiele zur Formulierung und notenmäßigen Abstufung der Dankes-Bedauern-Formel:

Formulierung	Note
Wir danken Herrn/Frau ____ für die stets sehr guten Leistungen und bedauern sein/ihr Ausscheiden sehr. Für seinen/ihren weiteren Berufs- und Lebensweg wünschen wir ihm/ihr alles Gute und weiterhin viel Erfolg.	Sehr gut
Wir danken Herrn/Frau ____ für seine/ihre wertvollen Dienste und bedauern es sehr, diese(n) tüchtige(n) und angenehme(n) Mitarbeiter/-in zu verlieren. Für die Zukunft wünschen wir ihm/ihr beruflich und persönlich alles Gute und weiterhin viel Erfolg.	Sehr gut
Wir bedanken uns bei ihm/ihr für die jederzeit sehr gute, konstruktive, vertrauensvolle und erfolgreiche Zusammenarbeit und Bedauern sein/ihr Ausscheiden außerordentlich. Auf seinem/ihrem weiteren Berufs- und Lebensweg wünschen wir ihm/ihr alles Gute und weiterhin viel Erfolg.	Sehr gut

Formulierung	Bewertung
Wir danken Herrn/Frau ____ für die stets guten Leistungen und bedauern sein/ihr Ausscheiden sehr. Für seinen/ihren weiteren Berufs- und Lebensweg wünschen wir ihm/ihr alles Gute und weiterhin viel Erfolg.	Gut
Wir danken Herrn/Frau ____ für seine/ihre wertvollen Dienste und bedauern, diese(n) tüchtige(n) und angenehme(n) Mitarbeiter/-in zu verlieren. Für die Zukunft wünschen wir ihm/ihr beruflich und persönlich alles Gute und weiterhin viel Erfolg.	Gut
Wir bedanken uns bei ihm/ihr für die jederzeit gute, konstruktive, vertrauensvolle und erfolgreiche Zusammenarbeit und Bedauern sein/ihr Ausscheiden außerordentlich. Auf seinem/ihrem weiteren Berufs- und Lebensweg wünschen wir ihm/ihr alles Gute und weiterhin viel Erfolg.	Gut
Wir danken Herrn/Frau ____ für die guten Leistungen. Für seinen/ihren weiteren Berufs- und Lebensweg wünschen wir ihm/ihr alles Gute und weiterhin Erfolg.	Befriedigend
Wir danken Herrn/Frau ____ für seine/ihre Dienste. Für die Zukunft wünschen wir ihm/ihr beruflich und persönlich alles Gute und weiterhin Erfolg.	Befriedigend
Wir bedanken uns bei ihm/ihr für die konstruktive Zusammenarbeit. Auf seinem/ihrem weiteren Berufs- und Lebensweg wünschen wir ihm/ihr alles Gute und weiterhin Erfolg.	Befriedigend
Wir danken Herrn/Frau ____ für die erbrachten Leistungen. Für seinen/ihren weiteren Berufs- und Lebensweg wünschen wir ihm/ihr alles Gute.	Ausreichend
Wir danken Herrn/Frau ____ für seine/ihre Dienste. Für die Zukunft wünschen wir ihm/ihr beruflich und persönlich alles Gute.	Ausreichend

Wir bedanken uns bei ihm/ihr für die konstruktive Zusammenarbeit. Auf seinem/ihrem weiteren Berufs- und Lebensweg wünschen wir ihm/ihr alles Gute.	Ausreichend
Wir danken Herrn/Frau ____ für die Mitarbeit. Für seinen/ihren weiteren Berufs- und Lebensweg wünschen wir ihm/ihr alles Gute und auch Erfolg.	Mangelhaft
Wir danken Herrn/Frau ____ für seine/ihre Dienste. Für die Zukunft wünschen wir ihm/ihr beruflich und persönlich alles Gute und auch Erfolg.	Mangelhaft
Wir bedanken uns bei ihm/ihr für die Zusammenarbeit. Auf seinem/ihrem weiteren Berufs- und Lebensweg wünschen wir ihm/ihr alles Gute und auch Erfolg.	Mangelhaft

Tabelle 11: Dankes-Bedauern-Formulierungen

Bei Fehlen eines oder mehrerer Elemente (Dank, Bedauern, Zukunftswünsche) deutet dies auf ein wenig harmonisches Arbeitsverhältnis hin. Ausnahme sind Zeugnisse für Praktikanten, Werkstudenten und Volontäre. Hier wird üblicherweise kein Bedauern ausgedrückt, wichtig ist jedoch der Dank für die Zusammenarbeit und positive Zukunftswünsche. In Zwischenzeugnissen entfallen die Zukunftswünsche ebenfalls, vielmehr wird auf eine weiterhin gute und erfolgreiche Zusammenarbeit verwiesen.

Der Schlussabsatz kann nicht Gegenstand einer Arbeitszeugnisklage vor Gericht sein. Einem Arbeitgeber steht es völlig frei, ob er sein Bedauern, Dank oder Zukunftswünsche ausdrückt. Die Bedeutung der Schlussformel als wichtiges Gütezeichen eines Arbeitszeugnisses wird dadurch noch einmal erhöht. Es können noch einige emotionale und persönliche Akzente zur Abrundung des im Zeugnis gezeichneten Bildes gesetzt werden.

Aussagen im Abschlusszeugnis, wonach der Arbeitgeber dem Arbeitnehmer auch nach Beendigung des Arbeitsverhältnisses als Referenzgeber zur Verfügung steht, können als zusätzliches positives Element angebracht werden. Dies kann wie folgt formuliert werden:

> Wir können Herrn/Frau ____ uneingeschränkt weiterempfehlen. Als Referenzgeber stehen wir ihm/ihr jederzeit gerne zur Verfügung.
>
> Als Referenzgeber stehen wir jederzeit zur Verfügung und können Herrn/Frau ____ aufgrund seiner/ihrer Verdienste unbeschränkt weiterempfehlen.

Tabelle 12: Formulierungen zu Referenzen

3.9 Ausstellungsort, Datum und Unterschrift

Als Abschluss des Arbeitszeugnisses sind zunächst der Ausstellungsort sowie das Ausstellungsdatum zu nennen. In der Regel entspricht das Ausstellungsdatum dem Austrittsdatum, sprich dem letzten Tag des Arbeitsverhältnisses. Oftmals ist dies der letzte Tag eines Monats. Eine Rück- oder Vordatierung ist unzulässig.

Das Ausstellungsdatum lässt Rückschlüsse auf den Ausscheidungsgrund zu. So lässt ein krummes Datum, wie z.B. der 19.05. vermuten, dass der Arbeitnehmer fristlos entlassen wurde.

Zu unterschreiben ist das qualifizierte Arbeitszeugnis von der Person, die während der hauptsächlichen Dauer des Arbeitsverhältnisses für die Führung des Arbeitnehmers verantwortlich war. Dies kann entweder der direkte Vorgesetzte, oder der nächsthöhere Vorgesetzte sein. Bestenfalls erfolgt die Unterzeichnung durch den ranghöchsten Mitarbeiter, z.B. Geschäftsführer, Vorstand oder Inhaber. Allerdings besteht kein Rechtsanspruch darauf, dass das Arbeitszeugnis vom obersten Mitarbeiter unterzeichnet wird. Keinesfalls sollte das Zeugnis von rangtieferen Mitarbeitern unterzeichnet werden, da hierdurch der Wert und die Aussagekraft des Zeugnisses beeinträchtigt werden. Zusätzlich sollte das Arbeitszeugnis von der leitenden Person des Personalbereichs unterschrieben werden. Der Name und die Funktion der unterzeichnenden Personen sind für Dritte gut lesbar anzubringen.

3.10 Unzulässige Inhalte

Vom Grundsatz her ist ein Arbeitgeber dazu angehalten, alle wesentlichen Umstände, Tatsachen und Bewertungen in das Arbeitszeugnis einfließen zu lassen, die zur Gesamtbeurteilung des Arbeitnehmers relevant sind. Dennoch ist die Nennung bestimmter Ereignisse und Sachverhalte im Arbeitszeugnis laut Rechtsprechung unzulässig.

Dies gilt insbesondere für folgende Inhalte:
- Einmalige ungünstige Ereignisse oder Vorfälle, die nicht besonders schwerwiegend sind, dürfen im Arbeitszeugnis nicht genannt werden.
- Beanstandungen, sofern sie nicht charakteristisch für die sonstige Arbeitsleistung des Mitarbeiters waren, sind zu vernachlässigen.
- Angaben zum Privatleben eines Mitarbeiters sind ohne jegliche Ausnahme unzulässig, hierzu gehört auch die Partei- oder Religionszugehörigkeit.
- Es dürfen keinerlei Angaben zu Schwangerschaften und Mutterschutz gemacht werden.
- Eine Elternzeit darf nur erwähnt werden, wenn diese den größten Teil des Arbeitsverhältnisses umfasst hat.
- Angaben zu Nebentätigkeiten sind nicht zulässig, selbst dann nicht, wenn hierzu eine schriftliche Genehmigung durch den Arbeitgeber notwendig war.
- Angaben zu eventuell vorhandenen Schwerbehinderungen sind grundsätzlich unzulässig.
- Angaben zu Abmahnungen dürfen grundsätzlich weder gemacht noch angedeutet werden, haben jedoch Einfluss auf die Leistungsbeurteilung.

- Die Betriebsrats- und Gewerkschaftszugehörigkeit darf nicht bzw. nur auf ausdrücklichen Wunsch des Arbeitnehmers genannt werden.
- Krankheiten und krankheitsbedingte Fehlzeiten sind völlig unabhängig von Umfang oder Ursache für den Ausfall im Arbeitszeugnis nicht aufzuführen.
- Kündigungsgründe dürfen nicht bzw. nur auf Wunsch des Arbeitnehmers im Zeugnis genannt werden.
- Straftaten dürfen nur angegeben werden, sofern sie im Zusammenhang mit dem Arbeitsverhältnis stehen, z.B. Untreue oder Diebstahl vorliegen.
- Dem Beschäftigungsverhältnis vorausgegangene Arbeitslosigkeit bzw. Vermittlung der Anstellung durch das Arbeitsamt darf nicht genannt werden.
- Angaben zur Höhe des Lohns bzw. Gehalts inklusive tariflicher Eingruppierung dürfen nur auf Wunsch des Arbeitnehmers genannt werden.
- Wettbewerbsverbote sind nicht zu nennen, sie stehen weder mit der Art und Dauer noch mit der Führung und Leistung des Mitarbeiters in Verbindung.

4. Der sogenannte „Geheimcode"

Abbildung 11: Der „Geheimcode"

Die gesetzlich vorgeschriebene Wahrheitspflicht in Verbindung mit der Wohlwollenspflicht führt dazu, dass Arbeitgeber vor dem Problem stehen, negative Aspekte eines Arbeitsverhältnisses oder Probleme mit Arbeitnehmern positiv darstellen zu müssen. Zur Darlegung solcher Aspekte werden Verschlüsselungstechniken genutzt. Insgesamt sind in der Zeugnisliteratur sowie in der gängigen Praxis die folgenden 10 Verschlüsselungstechniken anerkannt:

- **Positiv-Skala-Technik:** Mit der Positiv-Skala-Technik wird eine Aussage anhand fein unterteilter Abstufungen formuliert. Entscheidend ist somit nicht, ob eine Aussage positiv ist, sondern wie positiv sie ist. Beispiel: „Alle ihm während des gesamten Arbeitsverhältnisses übertragenen Aufgaben führte Herr Muster stets zu unserer vollsten Zufriedenheit aus".

- **Leerstellentechnik:** Mit der Leerstellentechnik wird statt einer negativen überhaupt keine Aussage zu einem bestimmten Sachverhalt gemacht. Werden beispielsweise keine Angaben zum Sozialverhalten gemacht, so ist dies immer als Indiz für Probleme mit Vorgesetzten oder Kollegen zu werten. In diesem Zusammenhang wird auch von „beredtem" Schweigen gesprochen.

- **Reihenfolgetechnik:** Bei der Reihenfolgetechnik werden weniger wichtige Aufgaben oder Angaben vor wesentlich wichtigere Aussagen gestellt. Die Reihenfolgetechnik findet häufig bei der Aufgabenbeschreibung Anwendung, indem unwichtige Nebentätigkeiten vor die wichtigsten Hauptaufgaben an erster Stelle platziert werden. Dem Zeugnisbetrachter wird somit eine deutliche Abwertung der Kompetenz des Bewerteten suggeriert.

- **Knappheitstechnik:** Ein sehr knappes Zeugnis ist ein klares Signal zur Abwertung des Mitarbeiters, selbst wenn sämtliche Pflichtbestandteile eines qualifizierten Zeugnisses enthalten sind. Der Betrachter erkennt sofort, dass sich der Arbeitgeber keine Mühe bei der Erstellung des Zeugnisses gegeben hat und dies auch nicht für wichtig hielt. Besonders bei langjährigen Mitarbeitern muss das Arbeitszeugnis die Vielzahl ausgeführter Aufgaben und erzielter Erfolge wiederspiegeln.

- **Selbstverständlichkeitstechnik:** Eine Abwertung wird mittels der Selbstverständlichkeitstechnik dadurch erreicht, dass selbstverständliche oder unwichtige Aspekte besonders hervorgehoben werden. Dies ist beispielsweise der Fall, wenn Fremdsprachenkenntnisse bei einem Dolmetscher, IT-Kenntnisse bei einem Softwareprogrammierer oder MS Office Kenntnisse bei einer Sekretärin überschwänglich gelobt werden.

- **Andeutungstechnik:** Mit der Andeutungstechnik werden dem Betrachter des Arbeitszeugnisses über die Verwendung mehrdeutiger Formulierungen negative Rückschlüsse suggeriert. Hierunter fallen beispielsweise Passivkonstruktionen wie z.B. „wurde ihm übertragen" oder „wurde im Unternehmen beschäftigt" sowie die Negationsmethode, z.B. „nicht unbedeutende Erfolge". Die Andeutungstechnik lässt regelmäßig den Schluss auf fehlende Eigeninitiative oder Antriebskraft des Arbeitnehmers zu.

- **Einschränkungstechnik:** Bei der Einschränkungstechnik geht es darum, eine zunächst positive Aussage bzgl. eines Arbeitnehmers einzuschränken. Beispiel: „Er engagierte sich sehr stark in Arbeits- und Expertenkreisen und galt dort als versierter Fachmann." Durch diese Aussage wird zum Ausdruck gebracht, dass der Mitarbeiter zwar extern als versierter Experte galt, der Arbeitgeber intern allerdings nicht dieser Ansicht war.

- **Doppelte Verneinung:** Anhand der doppelten Verneinung, auch Negationstechnik genannt, wird ein negativer Begriff verneint. Im Grunde genommen wäre das Gegenteil von dem gemeint, allerdings sollten in einem Zeugnis positive Aspekte auch immer positiv ausgedrückt werden. Ist in einem Zeugnis von „nicht unfreundlich" die Rede, ist damit noch längst nicht gesagt, dass der Arbeitnehmer freundlich ist. Wird von „nicht unbedeutenden Umsatzsteigerungen" gesprochen, waren diese noch lange nicht bedeutend.

- **Widerspruchstechnik:** In einem Arbeitszeugnis ist besonders darauf zu achten, dass dieses frei von Widersprüchen ist. Alle Aussagen sind daher plausibel aufeinander abzustimmen. Widersprüche führen stets zur Abwertung. Sie liegen vor, wenn z.B. ein leitender Angestellter nur wenig anspruchsvolle Tätigkeiten verrichtet hat, oder er trotz sehr guten Bewertungen in den Einzelkriterien, in der Gesamtbeurteilung nur die Note 2 „stets zu unseren vollen Zufriedenheit" erhält.

- **Schlussformel:** Ein Arbeitszeugnis endet in der Regel mit einer Schlussformulierung, in der Dank, Bedauern und Zukunftswünsche ausgedrückt werden. Innerhalb dieser Schlussformulierung sind Abstufungen möglich. So ist es ein Unterschied, ob „weiterhin viel Erfolg" gewünscht wird oder nur „viel Erfolg" oder überhaupt keine Angaben gemacht werden. Die Angabe „weiterhin viel Erfolg" ist dahingehend zu verstehen, dass auch im Rahmen der bisherigen Tätigkeit Erfolg gegeben war, „künftiger Erfolg" bedeutet, dass der Arbeitnehmer keinen Erfolg hatte, dieser dem Arbeitnehmer aber für die Zukunft gewünscht wird.

Über die vorgestellten Verschlüsselungstechniken hinaus haben sich in der Praxis sogenannte „Geheimcodes" etabliert. Dies sind Formulierungen, anhand derer ganz besonders negative Eigenschaften und Verhaltensweisen von Arbeitnehmern verschlüsselt werden können.

Die bekanntesten Geheimcodes und deren Bedeutung zeigt die folgende Zusammenstellung.

Formulierung („Geheimcode")	Was tatsächlich gemeint ist
war sehr tüchtig und wusste sich zu verkaufen	war ein unangenehmer Mitarbeiter
wir lernten ihn/sie als umgänglichen Kollegen kennen	war unbeliebt
stellte seine/ihre Standpunkte in selbstbewusster Art vor	war arrogant
wusste Auffassungen stets intensiv zu vertreten	hat ein übersteigertes Selbstbewusstsein
hat sich im Rahmen vorhandener Fähigkeiten eingesetzt	hat getan, was er/sie konnte, das war jedoch nicht viel
erledigte seine/ihre Arbeit mit Fleiß und Interesse	war zwar eifrig, aber nicht besonders tüchtig
war stets mit Interesse bei der Sache	hat sich zwar angestrengt, dabei jedoch nichts geleistet

zeigte Verständnis für seine Arbeit	hat nichts geleistet und war faul
widmete sich seinen/ihren Aufgaben mit Begeisterung	allerdings hatte er keinen Erfolg
trat aktiv für Interessen der Kollegen ein	war Betriebsratsmitglied
trat sowohl innerhalb als auch außerhalb des Unternehmens für die Interessen der Arbeitnehmer ein	war Gewerkschaftsmitglied
zeigte Engagement für die Interessen von Arbeitnehmern außerhalb des Unternehmens	nahm an Streiks teil
bemühte sich, den Anforderungen gerecht zu werden	hat komplett versagt
hatte Gelegenheit, seine/ihre Aufgaben wahrzunehmen	die Gelegenheit war vorhanden, Aufgaben blieben unerledigt
er/sie erledigte Aufgaben stets ordnungsgemäß und pflichtbewusst	es handelt sich um eine(n) Bürokrat/-in ohne Eigeninitiative
verstand es, Aufgaben in vollem Umfang erfolgreich zu delegieren	drückt sich vor Arbeit
war ein(e) verständnisvolle(r) Vorgesetzte(r)	hatte keine Durchsetzungsstärke und wurde wenig respektiert
arbeitete sehr nach eigener Planung	allerdings nicht nach Planung des Arbeitgebers
hat stets sehr kritisch mitgedacht	ist ein streitsüchtiger Besserwisser
hatte dabei auch Erfolg	Erfolg stellte sich selten ein

hat auch brauchbare Vorschläge gemacht	fast alle Vorschläge waren unbrauchbar
zeigte gutes Einfühlungsvermögen für Belange der Belegschaft	suchte sexuelle Kontakte
zeigte umfassendes Einfühlungsvermögen für die Belange der Belegschaft	suchte homosexuelle Kontakte
trug mit seiner/ihrer Geselligkeit zur Verbesserung des Arbeitsklimas bei	hatte Alkoholprobleme
löste die Aufgaben in seinem/ihrem und im Firmeninteresse	hat Firmeneigentum gestohlen
wir wünschen alles Gute, vor allem aber Gesundheit	Ironie, über die das Arbeitszeugnis entwertet werden soll

Tabelle 13: „Geheimcode"-Formulierungen

5. Das Arbeitszeugnis in der Praxis

Abbildung 12: Das Arbeitszeugnis in der Praxis

Den Abschluss dieses Ratgebers bilden einige Erfahrungen und Tipps aus der Praxis, die sowohl Arbeitgebern als auch Arbeitnehmern bei der Erstellung und Interpretation eines Arbeitszeugnisses helfen sollen. Darüber hinaus werden mögliche Probleme behandelt, die beim Thema Arbeitszeugnis häufig entstehen und mögliche Lösungswege aufzeigt.

5.1 Erstellung des Arbeitszeugnisses

Bei der Erstellung und Formulierung eines Arbeitszeugnisses ist es wichtig, dass dieses Angaben zu allen in Abschnitt 3 beschriebenen Pflichtbestandteilen enthält. Nur so kann ein rechtlich einwandfreies Arbeitszeugnis gewährleistet werden. Aufgrund der Komplexität der Erstellung eines Arbeitszeugnisses und gerade in Zeiten von Umstrukturierungen ist die Anfertigung mit einem enormen Zeit- und Kostenaufwand für den Arbeitgeber verbunden.

Arbeitgeber gehen daher immer häufiger dazu über, den Arbeitnehmer selbst einen ersten Entwurf des Arbeitszeugnisses erstellen zu lassen, auch wenn dies eigentlich Aufgabe der Personalabteilung ist. Aus der Sicht des Arbeitnehmers kann gesagt werden, dass diese Chance in jedem Fall genutzt werden sollte. Denn meistens weiß ein Arbeitnehmer selbst am besten, welche Aufgaben, Erfahrungen, Projekte und Erfolge er in seinem Arbeitsverhältnis erreicht hat. Darüber hinaus kann nur der Arbeitnehmer beurteilen, welche Aufgaben, Erfahrungen und Erfolge in Bezug auf seine angestrebte weitere berufliche Entwicklung relevant sind und daher im Arbeitszeugnis besonders umfangreich ausgeschmückt werden sollten. Kurz gesagt: Niemand wird sich bei der Erstellung des Arbeitszeugnisses mehr Mühe geben als der Arbeitnehmer selbst.

Da es zwischen der Selbsteinschätzung des Arbeitnehmers und der Sichtweise des Arbeitgebers zu Differenzen kommen kann, sollte der vom Arbeitnehmer angefertigte Entwurf mit dem Vorgesetzten und der Personalabteilung diskutiert und insbesondere auf die Stimmigkeit mit eventuell vorhandenen Beurteilungen aus Mitarbeitergesprächen geprüft werden. Sind sich alle Parteien über die Formulierungen einig, wird auf Basis des Entwurfs des Arbeitnehmers die endgültige Version des Arbeitszeugnisses von der Personalabteilung erstellt.

Unter Berücksichtigung der Vorteile einer eigenen Formulierung lohnt es sich für den Arbeitnehmer auch proaktiv auf den Arbeitgeber zuzugehen, um diesen um die eigenständige Anfertigung des Arbeitszeugnisses zu bitten. Aus Erfahrung werden die meisten Arbeitgeber mit Freude einwilligen, da sie sich hierdurch die Mühe, Zeit und Kosten der eigenen Erstellung sparen können.

5.2 Analyse des Arbeitszeugnisses

Wie in diesem Ratgeber ausführlich beschrieben, bestehen beim Thema Arbeitszeugnis geradezu eine Fülle an Regeln, Formalitäten und Anforderungen, denen ein Arbeitszeugnis zu genügen hat. Daher wurde die folgende Checkliste entwickelt. Mit dieser kann der Arbeitnehmer für sein erhaltenes Arbeitszeugnis einen Schnellcheck zur grundlegenden Prüfung der Güte seines Zeugnisses durchführen. Dabei sollten im Optimalfall alle Fragen mit „ja" beantwortet werden können:

- Wurde das Arbeitszeugnis auf hochwertigem Firmenpapier mit Firmenbriefkopf ausgestellt und per Schreibmaschine oder Computer verfasst?
- Ist das Arbeitszeugnis optisch in Ordnung und frei von Flecken, Knicken und sonstigen Makeln?
- Wurde die korrekte Überschrift („Zeugnis", „Arbeitszeugnis", „Ausbildungszeugnis" oder „Zwischenzeugnis") verwendet?
- Ist der Umfang des Zeugnisses angemessen (maximal 2 Seiten bei Auszubildenden, maximal 3 Seiten bei Führungskräften)?
- Ist das Zeugnis frei von Rechtschreibfehlern und sprachlich auf ansprechendem Niveau geschrieben?
- Ist die Einleitungsformel des Zeugnisses aktiv formuliert („Er/Sie war für unser Unternehmen tätig")?
- Wurden in der Einleitungsformel das Ein- und Austrittsdatum, die Stellenbezeichnung und die hierarchische Einordnung der Stelle genannt?
- Enthält die Unternehmensbeschreibung alle relevanten Fakten zur Gewährung eines guten Einblicks in das Unternehmen durch den Betrachter?

- Wurden im Aufgabenprofil sämtliche wichtigen Tätigkeiten beschrieben und wurde auf unwichtige Nebentätigkeiten verzichtet?
- Sind in der Aufgabenbeschreibung auch Sonderaufgaben und Sonderprojekte genannt?
- Ist das Verhältnis zwischen der Leistungs- und der Tätigkeitsbeschreibung angemessen?
- Ist das Zeugnis insgesamt wohlwollend formuliert und wurde insbesondere auf die Nennung einmaliger ungünstiger Ereignisse verzichtet?
- Enthält das Zeugnis Einzelbewertungen zur Arbeitsbereitschaft, Arbeitsbefähigung, Arbeitsweise und Arbeitserfolg?
- Enthält das Zeugnis Angaben zu Schlüsselqualifikationen wie z.B. eine schnelle Auffassungsgabe oder ein gutes Denk- und Urteilsvermögen?
- Enthält das Zeugnis Aussagen zum Fachwissen, zur Berufserfahrung sowie zu speziellen Fähigkeiten und Kenntnissen?
- Wurden die herausragenden Arbeitserfolge des Arbeitnehmers besonders hervorgehoben?
- Resultiert aus den Noten der Einzelwertungen die in der zusammenfassenden Leistungsbeurteilung angegebene Gesamtnote?
- Enthält die zusammenfassende Leistungsbeurteilung notensteigernde Zusätze wie „stets", „jederzeit" oder „immer"?
- Wurde sowohl das interne Sozialverhalten (Vorgesetzte, Mitarbeiter und Kollegen) als auch das externe Sozialverhalten (z.B. Kunden, Lieferanten, Partner) bewertet?
- Wurden die Vorgesetzten beim internen Sozialverhalten an erster Stelle genannt, sprich vor Mitarbeitern und Kollegen?
- Ist das Zeugnis frei von Formulierungen, die einer der 10 Verschlüsselungstechniken in Abschnitt 4 zuzuordnen sind?
- Ist das Arbeitszeugnis frei von abwertenden Formulierungen wie z.B. „im Allgemeinen", „im Großen und Ganzen", „in der Regel", „meistens", „überwiegend" und „im Wesentlichen"?

- Wurde im Zeugnis auf missverständliche Formulierungen oder sonstige negative Verschlüsselungen in Form von „Geheimcodes" verzichtet?
- Enthält das Zeugnis eine Formulierung zum Grund der Beendigung des Arbeitsverhältnisses?
- Beinhaltet das Zeugnis Angaben zum Dank für die Leistungen, zum Bedauern des Austritts sowie gute Zukunftswünsche (Dankes-Bedauern-Formel)?
- Sind Ausstellungsort und Ausstellungsdatum genannt und ist das Ausstellungsdatum mit dem Austrittsdatum identisch?
- Wurde das Arbeitszeugnis von einer Person in leitender Funktion, zumindest in ranghöherer Funktion unterzeichnet?

5.3 Änderung des Arbeitszeugnisses

Sofern ein Arbeitnehmer unzufrieden mit seinem erhaltenen Arbeitszeugnis ist, kann er eine Berichtigung oder Änderung des Zeugnisses verlangen bzw. diese sogar gerichtlich einklagen. Allerdings lassen sich nicht alle Berichtigungs- und Änderungswünsche durchsetzen. Grundsätzlich obliegt es der freien Entscheidung des Arbeitgebers, welche Eigenschaften, Leistungen und Erfolge er hervorheben möchte und wie er das Zeugnis formuliert.

Ein Anspruch auf Änderung des Arbeitszeugnisses besteht für den Arbeitnehmer allerdings in folgenden Fällen:
- wenn das Arbeitszeugnis nicht den gängigen Formvorschriften entspricht
- bei Vorliegen grammatikalischer oder orthografischer Fehler
- sofern bestimmte Daten wie z.B. das Eintritts- oder Austrittsdatum falsch genannt sind
- wenn ausgeführte Aufgaben und Tätigkeiten unvollständig, falsch oder überhaupt nicht angegeben sind
- sofern nicht wohlwollende, negative Formulierungen enthalten sind

- falls das Arbeitszeugnis stark von einem bereits zuvor erhaltenen Zwischenzeugnis abweicht
- falls das Arbeitszeugnis stark von erhaltenen Beurteilungen im Rahmen von Mitarbeitergesprächen abweicht
- falls das Zeugnis nicht erlaubte Zeugnisinhalte und widersprüchliche Aussagen enthält.

Sofern der Arbeitnehmer mit dem Zeugnis nicht zufrieden ist und Anspruch auf Änderung besteht, empfiehlt es sich, das Gespräch mit Vorgesetzten oder der Personalabteilung zu suchen. Der Arbeitnehmer sollte in dem Gespräch seine Änderungswünsche fundiert und plausibel vortragen und Vorschläge für Formulierungen unterbreiten, die ihm als angebrachter erscheinen. Ziel sollte es sein, sich einvernehmlich zu einigen. Verfahren vor dem Arbeitsgericht verursachen immer Kosten, Aufwand und Ärger.

Gleiches gilt aus der Sicht des Arbeitgebers. Auch der Arbeitgeber scheut die Kosten, den Aufwand und die Mühe für ein Arbeitsgerichtsverfahren, weshalb erfahrungsgemäß in den meisten Fällen ein Kompromiss ohne gerichtliche Auseinandersetzung geschlossen werden kann.

Sofern dies nicht möglich ist, muss eine Klage vor dem Arbeitsgericht formuliert werden. Diesbezüglich ist im Klageantrag ganz präzise zu formulieren, was geändert werden soll. Dies können sowohl einzelne Wörter, als auch ganze Sätze oder Passagen sein. Auch die Forderung nach einer vollständigen Neuformulierung des gesamten Zeugnisses im Klageantrag ist möglich.

Auf Basis der Klage ist das Arbeitsgericht zur Überprüfung und Neuformulierung des gesamten Zeugnisses berechtigt. Je nachdem, ob sich Arbeitgeber und Arbeitnehmer auf Basis eines gerichtlichen Vergleiches einigen, oder das Gericht ein Urteil fällt, verpflichtet sich der Arbeitgeber zur Ausstellung des Zeugnisses, das beide Parteien vereinbart haben oder das Gericht formuliert und bestimmt hat. Selbstverständlich darf im Zeugnis nicht ersichtlich sein, dass bestimmte Formulierungen auf Basis eines Gerichtsprozesses entstanden sind.

Die Gerichtskosten werden auf Basis des Streitwerts festgelegt. Sie ergeben sich aus der Gerichtskostentabelle. Zusätzlich fallen Anwaltskosten an, die sich aus der Bundes-Rechtsanwalt-Gebühren-Ordnung ergeben.

Abbildungsverzeichnis

Cover:
© fotodo

Rückseite Würfel:
© ag visuell - fotolia.com

Abbildung 1:
Bedeutung des Arbeitszeugnisses
© everythingpossible

Abbildung 2:
Rechtsanspruch auf ein Arbeitszeugnis
© vege

Abbildung 3:
Einfaches Arbeitszeugnis

Abbildung 4:
Qualifiziertes Arbeitszeugnis

Abbildung 5:
Erinnerung an das Abschlusszeugnis

Abbildung 6:
Grundsätze der Zeugnisformulierung
© tashatuvango

Abbildung 7:
Mitarbeiter Beurteilungsbogen

Abbildung 8:
Inhalte des Arbeitszeugnisses
© fotodo

Abbildung 9:
Einleitung

Abbildung 10:
Unternehmensbeschreibung

Abbildung 11:
Der „Geheimcode"
© Edler von Rabenstein

Abbildung 12:
Das Arbeitszeugnis in der Praxis
© Marco2811

Gutschein

Bitte sehen Sie sich in unserem Shop um auf

http://www.vorlagen-center.com

Hier finden Sie maßgeschneiderte Premium-Vorlagen für Arbeitszeugnisse für über 3.000 Berufe und Stellen zum Sofortdownload. Die Zeugnisvorlagen enthalten alle gesetzlichen Pflichtinhalte eines qualifizierten Arbeitszeugnisses und sind rechtssicher ausformuliert. Alle Zeugnisse sind in den Noten 1-5 erhältlich. Als Leser dieses Buches gewähren wir Ihnen für den ersten Einkauf 10% Rabatt. Nutzen Sie hierzu im Bestellprozess den Gutscheincode

E2TMVX4Q

Hier geht´s zu unserem Online-Shop

Wir freuen uns auf Ihren Besuch!